工业人工智能

［美］李杰(Jay Lee)　著

刘宗长　高虹安　贾晓东　整理

上海交通大学出版社
SHANGHAI JIAO TONG UNIVERSITY PRESS

内容提要

本书以人工智能技术与工业系统的关系为视角,从人工智能在工业领域应用面临的挑战出发,明确提出了工业人工智能的特征与意义,论述了工业人工智能系统的技术要素与落地途径,创新地提出了工业人工智能技术以问题为导向的收敛型应用模式,并结合大量实际案例介绍了不同场景的应用。全书分为四个章节,分别为:我们为什么需要工业人工智能;工业人工智能的定义与意义;工业人工智能的杀手级应用与赋能系统案例;如何建立工业人工智能的技术与能力。

本书可为中国的工业人工智能发展带来新思维和新途径,可作为产学研各个领域学习的参考资料。同时,本书也适合对工业人工智能领域感兴趣的大众读者阅读,并能为广大读者带来创造性的启发。

图书在版编目(CIP)数据

工业人工智能／〔美〕李杰(Jay Lee)著.—上海:
上海交通大学出版社,2019(2025 重印)
ISBN 978－7－313－21179－8

Ⅰ.①工…　Ⅱ.①李…　Ⅲ.①人工智能－应用－制造
工业－研究　Ⅳ.①F407.4－39

中国版本图书馆 CIP 数据核字(2019)第 067694 号

工业人工智能

著　　者:〔美〕李杰(Jay Lee)
出版发行:上海交通大学出版社　　　　　地　　址:上海市番禺路 951 号
邮政编码:200030　　　　　　　　　　　电　　话:021－64071208
印　　制:上海盛通时代印刷有限公司　　经　　销:全国新华书店
开　　本:880 mm×1230 mm　1/32　　印　　张:10.125
字　　数:171 千字
版　　次:2019 年 6 月第 1 版　　　　　　印　　次:2025 年 1 月第 2 次印刷
书　　号:ISBN 978－7－313－21179－8
定　　价:68.00 元

序 一

　　2018 年 1 月 20 日，李杰教授加入了富士康科技集团。我们很愉快地讨论了他在工业大数据领域的研究成果及其在企业中的应用。我对他提出的"工业人工智能"这个概念颇有兴趣，李杰教授在加入富士康科技集团之前一直在进行人工智能方面的研究，我总觉得传统的人工智能让人有种"虚无缥缈"的感觉，直到李教授向我介绍他所研究的"工业人工智能"时，我发现这才是对实体的制造业更适合、也更适用的东西，很快，"工业大数据""工业人工智能"等概念已然成为富士康工业互联网转型中的一盏明灯。

　　李杰教授在美国从事人工智能技术的相关研究已近 40 年。最早的研究包括汽车生产线自动化和美国邮政总局的邮件自动派发系统（手写区码辨识技术）等，这些扎扎实实的项目研究让他积累了丰富的经验，同时也让他获选进入美国国家科学基金会（National Science Foundation，NSF）。李教授在 NSF 任职的 7

年内,主要负责审查与资助各类先进制造业的研究项目,包括很多前沿的制造技术,例如 3D 打印、纳米技术、智能切削技术、先进半导体等。1995 年,李杰教授在日本工作期间启动了一项重大的项目,即"运用互联网技术将远程机器互联,进行远程数据分析、监控与预测"。这个在当时还是很前沿的概念,就是现在工业互联网概念的始祖。此后,李杰教授的研究项目涉及很多不同的工业领域,包括普惠发动机、赛考斯基直升机、开利空调、奥的斯电梯、国际燃料电池等,他用自己前瞻的思维突破挑战,利用远程连接、监控、分析、预测,解决共性、可靠性的问题。

　　2000 年李杰教授回到学校担任大学教授,持续推动当时尚未成形的工业大数据、工业人工智能概念。他以其前瞻性的眼光在当时提出一个非常远大的愿景:"2010 年当所有工业场景都可连接之后,将缺乏一个针对这些工业数据的分析系统",这也就是我们现今朗朗上口的"工业大数据"研究领域。李杰教授在 20 年前很清楚地看到未来,但当时软硬体的条件尚未成熟,故他首先成立了智能维护系统研究中心(Center for Intelligent Maintenance Systems, IMS),透过产学合作、专业培训等方式,协助全世界 15 个国家、超过 150 个公司,以工业大数据与工业人工智能技术,在技术与商业模式突破创新。据 NSF 实行的匿名调查,该中心具有高达 270 比 1 的投资报酬率,乃历史上绝无仅有;

2014 年 IMS 中心也被选为 NSF 技术创新奖,是 NSF 中的最高荣誉;IMS 中心所培养的研究学者,也在美国九次的工业大数据竞赛中,荣获五次第一名的殊荣。这些成就,让 IMS 中心被誉为美国工业大数据与 PHM 领域里面的"西点军校"。

2018 年 7 月,李杰教授正式成立了世界上第一个工业人工智能中心,之所以成立这个中心,是为了在工业制造领域向大家传递一个新的理念,即"当人工智能软件与数据量够多的时候,我们研究的重点不应当只放在算法本身,而是如何让人工智能技术在工业系统上落地"。李杰教授用他在 40 余年的研究生涯中积累的丰硕成果和经历,为人工智能落地于工业制造领域奠定了扎实的基础,可以预见,"工业人工智能"的新理念和新思维将在未来工业制造发展中扮演重要的角色。

如果说互联网改变了我们的生活,工业互联网改变了我们的产业,那么工业人工智能将改变我们的未来。与传统的人工智能不同,工业人工智能必须是一个跨领域、跨学科、跨产业的集成系统工程,工业场景中的大数据和应用问题必须是聚焦、精准且结构化的,而未来的工业人工智能必须协助产业发展成长与转型,这是预测型的科技服务,能够产生新的经济利益(提质、增效、降本、减存)。过去我们经常讲的"精益制造""先进制造""工业 4.0"等,都是努力在可见问题上解决可见的问题,而工业人工智能是利用不同的机器学习方法，融合不同种类的数据去挖掘不可见的关系及可产生效益的优化性，进而避免尚未发生（不可见）的问题。我深信，这个理念和技术的突破将会带动崭新的智能产业革命。

《工业人工智能》这本书不仅能带领读者们重新认识人工智能的定义，还向大家介绍了新的工业系统思维与方法，包括核心技术 4T（DT、AT、PT、OT）、常用的人工智能算法类别，以及由此应运而生的新技术和新产品，例如富士康雾小脑®的开发，就是通过虚拟机实践于雾端作为制造生产数据采集分解、人工智能运算分析决策的核心装置。通过书中丰富的实用案例，读者能够清晰地了解李杰教授及其团队如何将工业人工智能技术应用在各个不同的工业企业中。富士康科技集团也很荣幸能够在本书中与广大读者分享我们的"世界灯塔工厂"（2019 年 1 月于世界经济论坛颁发）的获奖案例与经验，为中国的智能制造转型贡献一分力量。衷心希望本书的出版能够助力未来工业人工智能的发展，推动工业转型迈向新的高度。

郭台铭

2019 年 3 月 29 日

序 二

互联网在过去 20 年的飞速发展为人工智能技术的进步提供了良好的条件，大数据的不断积累、计算能力的飞速提升和算法的不断突破共同创造了人工智能走向成熟并商用化的基础，这些应用进一步创造了新的商业场景和价值，又促使更多的资源投入到人工智能技术的研发与应用。世界各国都正在迎接智能化时代的到来，也在为如何在新一轮竞争中占据有利地位做积极的准备。中国政府和企业应该如何把握好新一轮的发展机遇，成为大家共同关注的话题。

中国的互联网经济在过去 10 年内取得了举世瞩目的成就，诞生了一批领先世界的优秀企业，人工智能技术在互联网经济中的应用也走在世界前列。但是我们不能忽视的是，中国在改革开放 40 年中取得的巨大成就和人民生活的改善是建立在工业能力和制造技术不断进步的基础上的。中国已经成为世界第一的制造大国，拥有最完整的工业门类和产业链，产品销往世界各地。但是大而不强的问题依然突出,许多产品的质量和生产效率还有待提升。当劳动力成本优势已经不再,资源和环境已制约了粗放型的发展模式,知识和创新转型更加迫在眉睫。从制造大国走向制造强国是我们唯一可选的战略决策。人工智能技术如果运用于工业系统,对迅速提升中国制造企业的运营能力和核心知识有重要的意义,能够帮助我们发现过去不可见的问题,从数据中找到复杂的关系,对系统进行建模和优化,这样就能够从以前的基于经验(experience)向基于事实依据(evidence)的制造方式转变,也能够让知识被更好地沉淀和传承。

这本书以人工智能技术与工业系统的关系为视角,明晰提出了工业人工智能的特征与意义,论述了工业人工智能系统的技术要素和落地路径,创新性地提出了工业人工智能技术以问题为导向的收敛型应用模式,并结合大量的实际案例介绍了在不同场景中这种应用模式的落地过程。李杰教授和他的团队系统性地阐述了如何利用数据、算法和工业知识的深度结合,去解决和避免工业系统中可见和不可见的问题,利用智能算法进行制造系统的运营优化,实现制造系统的无忧化运行。

李杰教授多年在制造技术的研究方面辛勤耕耘,是世界一流的智能制造专家。他为如何利用工业人工智能技术推动智能制造提出了独特的见解和方向,所分享的经验大都来自成功的实践,对产学界都有实质性的启发。

"工欲善其事,必先利其器。器欲尽其能,必先得其法。"在人工智能时代来临之际,我们必须首先厘清这些新技术能够为制造系统带来的价值和意义,然后从解决问题和创造价值的视角探讨技术的发展与应用。我相信,本书深刻的思辨性能够解答大家对工业人工智能的疑惑,在未来能够帮助中国实现智能制造的转型之路。

中国工程院院士

2019 年 4 月

序 三

　　世界经济正处于从信息经济向知识经济转型的关键时期，知识经济转化的核心就是以数据为驱动，实现知识的自主形成和规模化利用，将人、信息空间、物理空间深度优化融合，以转型升级实现数字化、网络化、云化、智能化的知识经济系统。因此，把知识作为新的生产要素，以知识自主形成以及与已有生产要素的融合作为科技创新的重点，以价值驱动作为产业模式创新的核心，实现经济的可持续发展，应该是未来中国工业转型的一个重点。

　　人工智能技术是研究开发用于模拟、延伸和扩展人的智能的理论、方法、技术及应用系统的一门新的技术。60 余年来，在需求牵引和技术发展的推动下，基于新的信息环境、新技术和新发展目标的新一代人工智能为人类获取知识和使用知识提供了更为高效的新动能与新手段。不容置疑，一个"智能+"的时代正在到来。目前，新一代人工智能技术的快速发展已经对人们的生活带来了深刻的改变,但是其与工业和制造系统的融合才刚刚起步。

  李杰教授及其团队多年来在工业智能维护系统和工业互联网领域研究与实践方面取得了丰硕的成果。我与李教授相识多年,深切了解到李教授和他创立的 IMS 中心从早期的工业系统 PHM(预诊与健康管理)到工业大数据、智能制造、赛博 - 物理系统(CPS)等技术理念和研究成果的演变,进而创造出影响全球产业的技术和实践项目。目前李杰教授担任富士康工业互联网副董事长,他过去 30 余年的经历跨越了政府、产业界和学术界,如今又回到工业界带领富士康科技集团这样的产业巨头进行工业互联网转型,他是我所见到过经历最丰富的学者之一。《工业人工智能》一书正是李杰教授及其团队将自己最新的技术理念和研究成果提炼总结成的新作。

  这本书是我国第一本系统性阐述工业人工智能的著作,是李教授将其几十年间在全球企业中实践的扎实成果进行总结整理,其中关于工业人工智能的许多定义和概念都是由李教授首次提出的。例如,他首先提出工业智能是一个系统工程,人工智能技术在工业场景中落地的 5 个 S 原则,即满足系统性(systematic)、快速性(speed)、持续性(sustainable)、流程性(streamline)和标准化(standard),这 5 个原则非常符合工业系统的客观条件和实际需求,因为工业系统要求稳定和可控,需要避免不可被解释的不确定性,这是目前工业人工智能算法需要解决的重大挑战。同时,工业人工智能的应用场景分为 4 个 F(factory,field,facility 和 fleet),介绍了不同场域应用中的痛点和难点,并结合了大量翔实的案例让读者有了更加生动和直观的感受。

如今一场新技术革命和新产业变革正在全球展开。"工业智能+"的时代正在到来,机遇与挑战并存,任重道远。我相信本书对我国产学研用各个领域的学者及技术人员的研究与实践将具有重要参考价值。

中国工程院院士　李伯虎

2019 年 4 月

前　言

　　过去的十多年，从互联网+、大数据、工业大数据、人工智能、区块链，到工业互联网和工业人工智能，每一两年都会出现一个新名词或新概念，但是这些概念代表什么，具体应该怎么应用却不是很清晰。人工智能在美国经历了超过 60 年的发展，在某些领域应用得很成功，在某些领域却有相当大的困难。因此我很希望看到人工智能扎实地在工业系统展示出它的能力，加强工业基础，并帮助工业系统成长。我本人在美国近 40 年从事智能制造以及工业大数据的产学研工作，深深地体会到企业从精益到智能制造的转型过程中，人才、技术管理和执行上的挑战。我写这本书的动机是希望大家可以真正了解什么是工业人工智能以及如何使用工业人工智能。

　　我于 2000 年建立了 NSF 智能维护系统中心 IMS，一直从事在工业大数据 PHM 预测性维护的研究和推广，在这项工作中，我们把人工智能和机器学习当成基础科学和工具来赋能企业，因此也成功地吸引了全球 100 多家企业,包括宝洁、丰田、通用电气(GE)等,并取得显著的成效。在 2018 年,我们在美国成立了工业人工智能中心,希望以工业为出发点,运用人工智能形成可以快速验证与可传承的智能工业系统。

人工智能是一门认知科学,主要包括了六大领域:自然语言处理,计算机视觉,认知与推理,博弈与伦理,机器学习和机器人学,可以应用在社交、医疗、商业等众多领域。但是在工业应用中往往发现的问题是,两个工程师用不同的人工智能算法可以有两个不同的答案,这在工业领域里很难被接受,因为在工业领域中需要的是系统性、快速性以及可传承性这三个特点。不同于人工智能,工业人工智能是一个系统工程,更强调如何建立从数据技术(DT)到分析技术(AT)到平台技术(PT)以及有效运营技术(OT)的结合,目的是为了使两个工程师解决问题的答案一致。传统的人工智能专家具有很强的算法能力,但是在缺乏专业知识的情况下很难解决工业系统问题,即使解决了也是个例,很难持续重复。工业人工智能的最大挑战是将以个人为中心的算法思维,转化为系统工程。这是一个去中心化的过程,让每位行业专家的智慧可以通过系统的方法得以传承。

为了让读者更加了解工业人工智能对工业发展的价值,我们分为四个章节阐述:主要为我们为什么需要工业人工智能,工业人工智能的定义与意义,工业人工智能的杀手级应用与赋能系统案例,如何建立工业人工智能的技术与能力。其中,我们把过去在美国工业大数据挑战中所参与的实际案例列出来,让大家可以通过这些案例了解如何用算法去解决工业系统问题,更重要的是读者可以重新找到这些数据,将自己的算法进行验证,也可以把个人的经验分享给其他读者。

为了配合本书的发布,我们会建立一个有关工业人工智能的公众号,每一位读者可以反馈他的经验供大家分享,同时也在这个公众号里给我们提出建议和可以改进的地方。我们希望可以在大家共同的努力下将工业人工智能推广到更广的层面。工业人工智能是由我首先提出的,我衷心希望这个理念、这个新的领域能够系统式地推广,让智能工业能够永续发展。

李杰(Jay Lee)

2019 年 4 月

目　录

1

引言
人工智能的技术
发展与应用现状

2017 年可称为人工智能(AI)元年,在此之后仿佛一切都在加速,人工智能领域的突破层出不穷,比如根据医学影像诊断疾病、自动驾驶的汽车、刷脸支付和无人超市等。人工智能技术"横冲直撞",闯入甚至颠覆了许多商业领域,也成为企业的新"军备竞赛"场地。2017 年在人工智能领域的并购和投资就高达 220 亿美元,是 2015 年人机大战发生前的 26 倍。谷歌的 CEO 皮查伊将 AI 对于人类的影响放在了高于火和电的位置上:前者标志着人类文明的起源,而后者将人类带入了工业时代。麦肯锡全球研究院则给出了一个更具体的价值:将人工智能仅仅运用在营销、供应链管理和新销售方式的利润和效率提升上,就能够在未来 20 年创造 2.7 万亿美元的经济价值。

人工智能发展所取得的举世瞩目成就并非一蹴而就,它的应用其实早已开始改变我们的工作和生活方式。1988 年我在美国邮政工作时,主导了第一个使用机器视觉和手写辨识技术来自动分拣包裹的项目,并登上了《AI Magazine》的封面。再往前追溯 5 年,我也曾经在汽车生产线上开发机器人,探究如何使用传感技术让机械臂的定位和动作执行更加精确。那个年代的人工智能还只能完成在一定范围内规定好的任务,受工作条件、对象和环境的限制非常多,并不像现在这样能够完成更复杂的任务,并且可以通过泛化学习和认知能力管理很多不确定性。人工智能技术在近几年爆发式的发展主要得益于许多基础设施技术的不断完善,比如大型的运算中心为我们提供了更强的计算能力,传感器变得更加多样和廉价,信息通信技术(ICT)技术的发展为数据的流通提供了更高速的管道,互联网中每分钟数以亿计的活动产生的大量数据为算法的训练提供了丰富的样本,而更加强大的芯片使得这些智能算法可以在任何边缘硬件中实时处理和分析数据,再通过丰富的交互入口传递信息,从而完成各种活动。这些基础设施的不断完善正在使 AI 的使用成本大幅下降,就好像电力基础设施的完善使得现在的照明成本比两百年前降低了数百倍,这使得人工智能能够以更加低的门槛被更广泛的场景所接纳。

事实上,人工智能对人们生活方式和生产方式的影响已经超过了我们的想象。在生活中,无处不在的摄像头记录着我们的一举一动,当我们进入一家商店时,素未谋面的售货员就可以通过人脸识别迅速获得我们的各类信息,进而有针对性地推荐我们可能感兴趣的商品。在工作场所,亚马逊(Amazon)的一款可穿戴式传感器可以追踪仓库工人的手部动作,识别他们的工作效率并通过振动提醒那些潜在的偷懒者。在中国的某半导体制造工厂内,管理者可以通过员工的工牌定位到他们的移动路径,并自动识别那些有异常活动的员工,对于保密性要求极高的半导体生产商而言,这无疑是防止技术泄露的重要保障。美国职场目前最受雇主青睐的"即时通信和协同工具(Slack)"可以帮助管理者评估员工的效率和与团队互动的有效性,这个软件的全称就很能很形象地体现它的作用——"所有对话和知识的可搜索日志"(searchable log of all conversation and knowledge),对这些工作过程中所产生的数据进行分析,就可以判断哪些员工的效率更高,而哪些员工可能有离职的倾向。

在商业活动中,人工智能帮助商家更加了解他们的客户,进而做出更加准确的营销决策。中国平安采用人脸识别技术,让用户在申请贷款时在视频中回答有关收入和还款计划的问题,通过监测其面部的微表情判断他们是否在说真话,以此筛选出需要进一步审核的客户。中国平安之所以有底气这么做,是因为他们掌握了世界顶尖的人脸识别技术——截至2018年5月9日,户外脸部检测数据库(labeled faces in the wild, LFW)最新公布的测试结果显示,中国平安旗下平安科技的人脸识别技术以99.8%的识别精度和最低的波动幅度领先国内外知名公司,位居世界第一。英国领先的网购公司 Ocado 将每天收到的超过 1 万封客户邮件,利用人工智能技术进行情绪分析,之后对应答的优先级进行排序,并进一步将客户所投诉的问题进行自动分类,然后分发给具有相关领域知识的服务人员。著名的赌场集团恺撒娱乐(Caesars)通过在酒店内提供虚拟礼宾员 Ivy 来自动回答客户的询问,将打给人工服务台的电话减少了 30%。美国的一家创业公司为保险公司的电话客服提供情绪引导服务,通过识别客户的语速、语调和用词特征来识别客服的情绪是否恰当,并提醒他们在适当的时候表现出更多的同情心。法国家居装饰零售商乐华梅兰(Leroy Merlin)通过分析历史销售数据与各种影响因素(如天气)之间的关系,为订货策略和供应链管理提供建议,帮助节省了 8% 的库存,同时增长了 2% 的销售额。将人工智能与大数据分析技术应用到需求预测和库存改善可以释放存储空间和改善企业的现金流,这对于利润率已经被挤压到生存边界的零售商而言无疑是一个福音。对零售业而言,供应链成本降低的 3% 可能使净利润翻倍。IHL Group 的数据显示,2015 年全球零售业因为库存积压而造成的损失高达 4 700 亿美元,而库存不足或周转造成的损失达 6 300 亿美元。人工智能在供应链优化方面的应用或许也是一个万亿级的市场。

人工智能的发展历程中也曾经历过数次起伏,从 1956 年达特茅斯会议后直到 2000 年，人工智能曾经历过两次寒冬。第一次寒冬开始于 1973 年，以《莱特希尔报告》的推出为代表，由于在人工智能方向的研究投入没有取得预期的进展和回报，美国政府决定大幅削减支持人工智能领域研究的资金，象征着人工智能正式进入寒冬。之后的十年间，人工智能鲜有提起。进入 20 世纪 80 年代，由于专家系统和贝叶斯定理在人工智能领域中崭露头角，人工智能再次迎来新的高潮，然而随后人们开始意识到人工智能的问题不仅是硬件问题，而更是软件以及算法层面的挑战没有突破。随着 1987 年基于通用计算的 Lisp 机器在商业应用上的失败，人工智能再次进入了低迷期。到了 20 世纪 90 年代后期，由于计算机运算能力的不断提高，人工智能开始再次进入大家的视野，代表性事件包括 IBM 深蓝计算机击败人类国际象棋冠军，以及以数据挖掘和推荐系统为主要代表的商务智能应用开始真正为企业创造价值。而这一次的人工智能高潮来临相当一部分应该归功于深度学习神经网络的突破性进展和成功应用。2012 年，Geoffrey Hinton 团队在 ImageNet 竞赛上首次使用深度学习技术，从而完胜其他团队，让人们意识到深度学习相比于传统机器学习的长处，让深度学习重新回到主流技术舞台。与此同时，以图形计算为代表的 GPU 在计算机视觉训练中替代原来的 CPU，大大提升了计算性能，让原来需要几个月才能完成的训练缩短到几天甚至几个小时,加快了计算机视觉前期训练和推理的迭代周期,带来效率上的成倍提升。当硬件、算法、大数据这三个因素在各个领域的突破达到一定程度时,自然就带来了人工智能的大爆发。2016 年 3 月,谷歌 AlphoGo 机器人以 4∶1 击败韩国围棋冠军李世石就是三者结合的典型代表,让人工智能不再是高高在上和遥不可及,从此进入大众的视野。

与过去两次人工智能所经历的高潮不同,这次我们看到人工智能技术已广泛应用于智慧安防、智慧金融、智慧零售等新的行业形态,并为人们的生活带来很大的便利。最重要的是,人工智能在某一些领域中已经验证了其商业价值可行性,形成了标准化和可大规模应用的产品,甚至已经开始盈利。这与过去两次人工智能技术所经历的起伏有本质上的不同。我们有理由相信,新一轮人工智能正处于增长的黄金年代,以深度学习为代表的高级算法在行业的应用趋于成熟,为解决工业问题提供了很好的工具。

人工智能从以学术为驱动转变为以商业应用为驱动的发展模式,既能为进一步解决城市和社会问题、生态保护、经济财政、金融风险等宏观系统提供指导,也能为工业制造、能源电力、健康医疗和交通运营等微观领域提供解决方案。新一代人工智能技术在近几年取得快速发展和应用主要受益于以下 4 个要素:

（1）人机物互联使数据量呈现爆炸性增长，形成了真正的大数据环境。

（2）云计算、边缘计算和专有芯片技术加速演进实现计算能力大幅提升。

（3）深度学习领域的技术突破带动算法模型的持续优化。

（4）资本与技术深度耦合助推行业应用和技术产业化快速兴起。

在数据、运算能力、算法模型、多元应用的共同驱动下，人工智能的应用范围逐渐从执行特定工作的"狭义"人工智能，向胜任某一场景下开放性问题（如人机对话）的"广义"人工智能演进。人工智能技术能更为密切地融入人类生产生活，与人的关系从辅助性工具进化为协同互动的助手和伙伴。在这一轮技术热潮中，我们能够观察到人工智能技术的演进方式，包括：① 从 CPU 架构的独立运算到 GPU 架构的并行运算，再到基于 TPU 的面向特定算法进行优化运算架构的出现；② 从依赖算法突破的驱动转变为数据、运算力、算法、商业化应用场景复合驱动；③ 从封闭的单机系统转变为快捷灵活的开源框架（以往的专家系统基于本地化专业知识进行设计开发，以知识库和推理机为中心而展开，其中，推理机的设计由不同的专家系统应用环境决定，单独设定模型函数与运算机制，一般不具备通用性；知识库是开发者手动录入的专家分析模型与案例的资源合集,只能够在单机系统环境下使用并且无法连接网络);④ 从学术研究探索导向转变为快速迭代的商业化应用导向。

我们很欣喜地看到人工智能技术正在实现"场景—数据—技术—产品—商业"的正向循环。在人工智能技术发展的早期,由于数据获取的成本较高,算法缺少快速演进的环境。而一旦进入应用期,大量的优质样本数据和更快速的反馈有助于技术弊端分析,通过对相关技术进行改进升级,进而提升了产品的应用水平;而用户在得到更好的产品体验后,继续为应用平台创造更大规模的后台数据,用来进行下一步的技术升级与产品改良,由此进入大规模应用阶段。如今的我们究竟是站在变革的序曲还是高潮中,很难有清晰的判断,不过有一点是明确的——人工智能已经在切实改变着我们的生活,而与此同时也面临许多无法忽视的挑战。我们看到如今人工智能在社交、行为、活动、商业等领域的应用已经产生了直观的影响和切实的价值,这些应用为人工智能在工业领域的落地所建立的基础,正在成为未来实现工业人工智能的潜力。当前工业处于向工业 4.0 阶段的转型期,以价值创造为目标和驱动力,为人工智能的发展与行业应用提供了合适的土壤。智能制造和工业互联网技术的发展让我们看到了工业系统的"本地的智能化"和"连接的智能化"方向齐头并进的趋势,向着横向与纵向智能化应用体系的整合演进。一方面,我们看到设备的智能化、传感技术、通信技术、信息与控制技术等方面的快速发展正在为工业系统提供大数据环境和强大计算能力的基础;另一方面,工业互联网的发展正在推动设备、人与服务的连接,产生更多具有商业价值的新场景。这些要素的逐渐成熟让我们有理由期待工业将成为人工智能技术发展和商业应用的新蓝海!

第 1 章

我们为什么需要
工业人工智能

1.1 工业系统为人工智能带来的新视角

在人工智能技术(AI)的发展浪潮之下,世界各主要国家纷纷将发展人工智能上升至国家战略的高度。国务院印发的《新一代人工智能发展规划》明确了中国新一代人工智能发展的战略目标,到 2020 年,人工智能总体技术和应用要比肩世界先进水平,使人工智能产业成为新的经济增长点,为社会和产业的发展提供新的动能。2018 年 6 月,中国第一本面向高中生的《人工智能基础(高中版)》教材发布,同时全国 40 多所学校引入该教材作为选修课或校本课程,成为首批"人工智能教育实验基地学校",这是国内中等教育体系首次引入人工智能(AI)教材,人工智能教育在中国开始迈入基础教育阶段。除了面向初高中的 AI 教育外,机器学习和数据分析课程也成了职场中最热门的在职培训,许多人认为掌握 AI 技术就像互联网时代熟练使用电脑一样会成为必备技能。2018 年 11 月,一则 AI 应届博士年薪 80 万元的新闻再次成为社会关注的焦点,除了引起人们的惊呼和羡慕外,也有一些质疑的声音,AI 的应届博士生真的能够创造这么多的价值吗？这其中有多少泡沫的成分？硅谷的人才争夺战其实在 2016 年就已经拉开序幕了,刚毕业的深度学习方向的博士可以拿到 50 万美元以上年薪,有项目经验的博士可以拿到百万美元年薪,以谷歌（Google）、脸书（Facebook）和微软（Microsoft）为代表的科技巨头们都在用不合理的价格挖掘人才。我在 2018 年 7 月份与富士康科技集团郭台铭董事长到斯坦福大学演讲,来参会的有许多硅谷互联网公司的人工智能科学家,其中一位说他觉得很恐慌,因为每天所做的工作好像并没有那么大的价值,与他的收入明显不匹配,如果有一天泡沫破灭了他该怎么办？这使我意识到对 AI 人才泡沫的忧虑可能在世界各个国家都差不多,这背后的原因是人们对 AI 能够解决的问题和创造的价值充满期望,市场其实是在为期望买单,而不是为一个确切的价值买单。因此,人工智能技术在经历了较长时期的技术积累并在某些领域取得巨大商业价值后,面临的最大挑战是需要快速找到更多应用场景来满足市场和资本对它与日俱增的期望。

毋庸置疑的是,AI 技术已经在许多领域解决了一些难题并开始创造商业价值,这些领域包括电子商务、金融科技、安防和移动支付等,有些领域甚至已经开始出现整合的趋势,未来会有新的巨头诞生;但是 AI 在工业系统中的应用还十分有限,人工智能科学家们可能会将原因归结于人工智能技术应用的基础条件还不成熟,数据、计算能力和算法这三个核心要素在工业系统中还不具备。我们接触过许多对工业场景感兴趣的人工智能公司,我发现他们都有一个共同的特点,就是会首先问我们有哪些数据,而不是问有哪些问题要解决。我想这是因为双方的视角不同,过去的人工智能应用更关注从数据的视角出发,寻找数据中隐藏的关系和应用机会;而工业更需要从问题出发,是以解决问题为导向的价值创造。

　　除了思考问题的视角不同以外,AI 技术的应用目前还存在明显的限制和瓶颈,我们需要弄清楚 AI 技术能够胜任什么和还不能做什么,这样才能建立合理的期望,让 AI 技术去做它擅长的事情,同时对其他的基础和传统技术保持坚持和尊重的心态。

AI 技术的第一个限制

　　AI 技术无法帮助我们去突破现有的认知。我们更需要清醒认识的是,AI 技术目前还不能帮助人们在基础知识方面取得突破,这些基础知识包括但不限于科学原理、工艺水平、设计与制造能力、系统工程、基础材料和试验验证。而这些基础知识才是决定工业能力的根基，因此我们可以期待 AI 技术能够在现有的基础上去优化效率、提升商业价值、通过建模分析预测和避免一些问题、降低人力等，但是无法期待 AI 技术能帮助我们去突破现有的认知。AI 技术可以在现有工业系统的基础之上持续优化效率，但并不能帮助我们实现"弯道超车"，更不能取代基础研究的投入。人工智能与工业相结合，还需要探索更加明确的应用场景，设计体系化的技术架构，制定与工业系统相匹配的技术标准，明确与既有的运营流程相结合的实施方式。

AI 技术的另一个限制是"机会性"，而非"确定性"

AI 技术的另一个限制是更多面向解决问题的"机会性（possibility）"而非"确定性（deterministic）"，这也限制了 AI 的应用目前更多是以机会为导向，而非以问题为导向（problem solving）的思维方式，所以人工智能科学家（或数据科学家）在工厂会首先关心有哪些数据，而非要解决哪些问题。当工厂的管理者问他们能够给工厂带来什么价值的时候，他们更希望首先建立大数据环境和强大计算力的基础设施，然后再从数据中寻找创造价值的机会。AI 技术在互联网和电子商务中以"机会性"为导向的应用确实带来了一些商业上的成功，比如基于对客户历史消费的行为分析，判断客户可能会对某一些产品感兴趣，短视频播放平台就会直接把主页面、分类和搜索等功能全部省掉，只推荐客户可能感兴趣的视频，如果不感兴趣就直接播放下一条；交友网站推荐可能感兴趣的人，喜欢的向左滑，不喜欢的向右滑；Facebook 和 Google 分析人群的偏好，以便更加精准地投放广告。这一些应用都是以机会为导向的，追求的是快速反应和对情绪的影响，准确度和确定性并不重要，重要的是不要错过任何可以产生商业价值的机会。人工智能应用的最大挑战并不在于技术，而是在于如何产生应用的价值，过去更加关注社会问题、商业问题和社交问题，这些都是处在比较发散和机会导向的视角。如果把技术当作工具来看待，更加重要的是如何利用工具。就像现在很多人都会用 Excel，但是未必懂得如何做财务统计，也未必会分析股票行情，更不见得会企业的经营管理。AI 算法就如同 Excel 一样，虽可以掌握算法并不代表能够解决问题。现在的 AI 教育大多是在教理论和工具，却并没有教会如何解决问题。

　　工业场景中问题域是有限的，问题是可以收敛的，比如在一个工厂中不可能会存在几万种质量问题，这时可用 AI 进行质量问题的识别和预测，当把某个质量问题的核心解决掉时就能够带来突破。现在对人工智能初创企业的投资失败案例中，有 40% 是找不到可以应用的场景，有 30% 是因为资金问题，有 20% 是因为创始团队分歧，而只有 10% 是因为能力和技术不足。因此,成功与否的最关键因素是能不能找到合适的应用场景;在判断一家公司的技术是否有价值的时候,更倾向从他们要解决的问题中判断是否存在过去没有被解决的问题,要解决的痛点到底有多痛。比如有公司开发用 AI 技术在烘焙坊的收银台实现自动结算和收款功能,可是给面包结算和收款并不是急需解决的问题,食品安全、食物口味和食品营养才是更需优化的问题。许多 AI 技术目前还在关注的都是显性的问题,或者说是已经解决的问题,只是用 AI 技术去替代原有的解决途径。

我们也发现 AI 技术的应用场景在国内部分企业中存在一些误导,甚至一些应用从美国借鉴过来后发生了偏差。比如亚马逊公司(Amazon)推出了"Just Walkout 超市",提出的理念是无感支付,而到了中国就被曲解成了无人超市,认为这项应用的价值在于"无人"。试想,如果无人了,那么顾客在超市中打破东西该谁来清理?难道售货员的服务不是有价值的吗?无人之后带来数以百万计的就业流失该怎么办?无人超市虽然看起来很酷炫,但是否符合基本的逻辑和社会价值?还是说这个概念更多是一种噱头?

工业场景的应用目标最明确,场景也最多。提质、增效、降本、减存是普遍存在的需求,如电动车电池效率不稳和人员驾驶行为的分析;风电的发电效能如何优化;我国高铁虽然运营公里数为全球最长,但轴承还需要进口的问题亟待解决;中国大陆还无法生产 10 nm 以下的半导体产品,而中国台湾和韩国已经在努力生产 7 nm 以下的产品。有这么多的需求和机会,为什么不换一个视角将 AI 技术应用于工业呢?

总结而言,工业场景为 AI 技术提供的新机会和新视角包括:

(1)工业为 AI 技术提供了新的价值视角,从过去以机会为导向的发散型应用,转变为以问题为导向的收敛型应用。

(2)AI 技术的应用需要更多聚焦在解决过去还没有解决的问题上,而不是创造新的需求或者换种途径解决已知的问题。

(3)工业场景中的问题更加具象,有更加明确的价值标准,解决工业场景中的问题将为 AI 技术提供一片新的应用蓝海。

1.2　什么是工业的基础问题

工业系统中需要解决许多确切的问题,比如设备健康、产品质量、系统效率(OEE)、工艺参数、综合成本等,需要有可被量化和确切的价值回报,而不会只为一种可能性买单,这也是 AI 技术和大数据落地于工业的最大挑战。与设备的升级和工艺方法的改进相比,甚至是与精益管理带来的组织文化和效率改善相比,AI 技术还没有确切的价值主张,即便美国通用电气公司(GE)提出了"1%的力量"来宣扬工业互联网的价值,本质上也只是一种可能性,当实际的价值没有达到期望时,即便是 GE 公司也会跌落神坛。因此,AI 技术不能以价值的"机会性"为出发点,更应该关注解决问题的"确定性"。

工业人工智能给中国制造带来的机会

中国制造需完成一场品质革命,如果对品质革命进行更深入地分解,我们认为品质革命应该要解决三方面的问题,分别是制造的素质、体质和本质问题,如图 1－1 所示。素质问题涉及人的能力、组织文化和管理能力。这方面全球做得最好的是日本,他们靠的是工匠,传承方式是组织文化。体质问题涉及设备、系统和流程,也就是德国一直保持的优势领域,靠的是器匠,传承方式是工艺标准和装备的设计制造能力。本质问题涉及创造客户价值,这是美国企业最看重的地方,靠的是技匠,传承方式是以技术授权为基础的协同创新、使用场景中的数据和连续的服务创新。工业人工智能给中国制造带来的机会,应该在于迅速提升制造的素质、体质和本质。例如通过数据标准化人的工作流程,用数据建立更好的参考性和关系性,使人的经验能够迅速积累和传承;利用数据使制造系统中隐性的问题显性化,使设备的健康状态透明化管理、过程参数更加稳定以及综合效率更加协同和优化;以数据为媒介提升用户使用端的价值,帮助用户提升产品(或装备)的功能性和可靠性,优化用户的使用成本,提升用户的运营效率,在产品的全生命周期中创造新的服务模式,提升企业的可持续盈利能力。这些才是中国制造需要 AI 技术解决的问题。

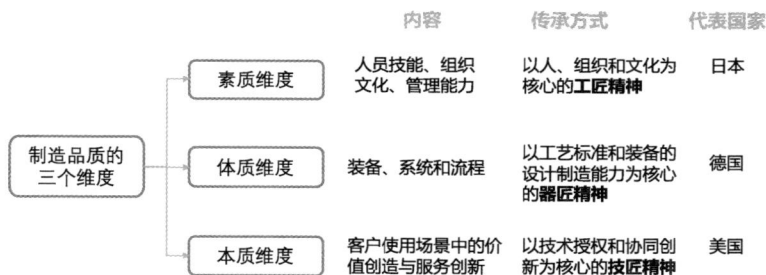

图 1-1　制造品质的三个维度与内涵

AI 技术在工业系统中的落地需要满足五个原则(principles),我们称之为 5S 原则:

Systematic(系统性):将各类相关技术进行整合的系统性架构,系统内与系统间的标准接口,以及将工业人工智能和工业系统相互融合的系统体系(system of system, SOS)。

Speed(敏捷性):迅速完成系统搭建、建模、验证和部署,解决碎片化问题和满足客制化需求的快速响应能力。

Sustainable(持续性)：具备可重复达成的能力(repeatable success)，不同开发者构建的模型和在同类对象的不同个体上的表现具备一致性(consistency)和管理不确定性的强韧性(resilience)。

Streamline(流程性)：注重以解决问题为导向的收敛性流程和以保障结果确定性的过程管理，还要注重与现有工业系统流程的融合。

Standard(标准性)：在现有工业系统的标准上，建立数据的标准、分析的标准、对分析结果认知的标准和反馈操作的标准。

因此，工业人工智能是一个系统工程，需要多个技术元素的整合，这些技术元素可囊括为"ABCDEF"6个方面：

Analytics(建模分析)：既包括算法，也包括算法在特定场景和目标中的应用建模。

Big Data(大数据)：与关注互联网大数据的"4V"特性不同，工业大数据技术需要管理"3B"挑战[1]，即 Broken(数据完整性)、Bad Quality(数据质量差)和 Background(数据场景性)。

Computational Platform(计算平台)：既包括云计算(Cloud)，也包括基于嵌入式智能的边缘计算和雾计算，需要整合"端"到"云"，"分布式"到"集中式"的灵活可重构的计算平台架构。

Domain Knowledge(领域知识)：需要对应用对象的机理、工艺流程、系统工程和优化目标具备基本的知识和工程经验。

Evidence(事实依据)：反映系统当前状态的依据,以及能够支持决策的洞察能力。

Feedback(反馈闭环)：与控制系统或标准作业流程(SOP)的整合,实现决策到操作运营(OT)的闭环。

在以上六个技术要素中,"ABC"同时也是 AI 技术的三个要素(数据、计算能力和算法),但是与工业人工智能有所区别。在分析建模方面,前者以算法为核心,后者以场景和问题为核心;在数据技术方面,前者围绕解决"4V"挑战,后者则是管理"3B"特性;在计算平台方面,前者以云计算和集中式的运算能力为主,后者以"端"到"云"的融合架构为主。"DEF"则是带有鲜明的工业特质的技术要素,也是人工智能与工业系统相融合的接口。

人工智能技术对于工业系统而言,应该是融入和赋能的姿态,而非颠覆者。未来工业智能系统的目标,是创造无忧的工业环境,实现零意外、零污染、零浪费、零次品和零宕机。

1.3　人工智能解决问题的基本方法

在开始探讨工业人工智能前,我们首先要对人工智能技术有一个大概清晰的认识,例如它是如何解决问题的,它认知世界的方式又是怎样的。

在图 1－2 中,人工智能思考问题的方式大概可以分为七个大类,包括检测(辨识)问题、聚类问题、分类问题、预测问题、规划问题、泛化学习问题以及具备常识和创作能力。前面的五大类问题是 2006 年以前经典机器学习的研究范畴,在深度学习技术开始兴起后,开始逐步出现具备后两者能力的应用,被认为是进入强人工智能的开端。人工智能所要解决的七类问题可以按照如图 1－2 所示的顺序进行排列,前一个问题的实现往往是后者的前提。例如,规划问题的可达性往往建立在良好的预测模型基础上,这样才能够在不断调整决策变量时预测目标方程,并

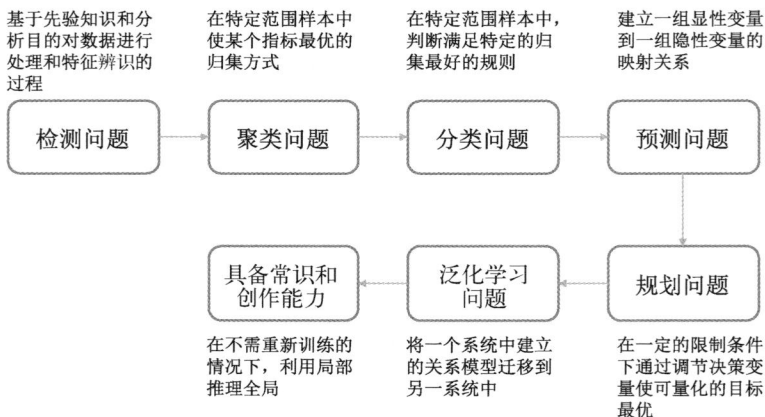

基于先验知识和分析目的对数据进行处理和特征辨识的过程　　在特定范围样本中使某个指标最优的归集方式　　在特定范围样本中,判断满足特定的归集最好的规则　　建立一组显性变量到一组隐性变量的映射关系

| 检测问题 | → | 聚类问题 | → | 分类问题 | → | 预测问题 |

| 具备常识和创作能力 | ← | 泛化学习问题 | ← | 规划问题 |

在不需重新训练的情况下,利用局部推理全局　　将一个系统中建立的关系模型迁移到另一系统中　　在一定的限制条件下通过调节决策变量使可量化的目标最优

图 1－2　人工智能的 7 大类问题

逐渐收敛到最优目标。几乎所有解决规划问题(或优化问题)的算法,其最大的不同是向最优目标方程收敛的路径或搜索方式,其表现很大程度上取决于预测模型(或数学模型)的准确度。

检测问题:基于先验知识和分析目标对数据进行处理和特征辨识的过程。检测问题也是对分析对象的抽象过程,即提取最关键有效的少量信息来代表全局。这与人类看世界的方式是一样的,我们的视力会有一个焦点,焦点所在的位置是信息采集效率最高的地方,而对它的判断往往也不需要全量信息,可能只是几个关键特征就可以完成判断。这是大脑经过数十万年进化后所认为的最高效处理信息的方式。又例如工业场景中的设备故障检测,当要判断轴承外圈是否发生故障时,需要将注意力放在提取轴承外圈故障特征频率的能量上,而其他的频谱成分就并不那么重要。而当要分析内圈故障时,看的又是另外的频率特征了。换句话说,完成检测问题需要有一个特定的对象和目的,以及定义这个对象和目的的先验知识。对这种知识的依赖是检测模型训练过程中绕不过去的坎,英文有句谚语叫作"You know what you know, you don't know what you don't know",这个问题其实人类自己还没有解决。

聚类问题:在特定范围样本中使某个指标最优的归集方式。我们最常用的指标是距离和似然值,目的是使在同一个归集内的样本相似性最高,而不同归集内的样本之间的差异性最大。聚类问题是最典型的非监督式学习,或者说是一个比较开放性的问题,选择的变量不同、指标定义的不同、归集数量的不同,甚至是初始条件的不同都会影响聚类的结果。聚类也是大数据挖掘中最常用的工具,在许多的商业智能(business intelligence)的应用中,分析师利用各种维度的特征将客户进行归集,然后去寻找各个集合中共性的特征,进而制定更适合与更有针对性的商业策略。

分类问题:与聚类问题相反,如果已经对样本有了一个先入为主的归集(或称标签),那么去学习这种归集方式的最佳规则就是分类算法所要解决的问题。分类问题是典型的监督式学习,也是收敛性的聚类问题——在所有聚类方式中寻找对已知样本归集最友好的那个规则。

预测问题:建立一组显性变量到一组隐性变量的映射关系,或者说是利用可测量对象预测不可测量对象,以及利用对当前的观测预测未来状态的过程。当隐性变量是离散的状态时,预测问题约等于模式识别和分类问题;而当隐形变量是连续数字时,则预测问题可以当作拟合(regression)来看待。

规划问题:在一定的限制条件下通过调节决策变量使目标最优的过程。规划问题又分为数学建模和求解两个过程,数学建模包括对目标的量化定义,对限制条件的数学表达,以及从决策变量到目标的映射关系。也正因如此,可被预测是可以规划的前提,而预测的准确度是找到最优解的保障。求解过程可以理解成为一个搜索框架,即决策变量逐步收敛到最优目标的过程。

　　我们用一些现实中常见的人工智能场景来进一步理解这些问题的本质。首先是人脸辨识技术,其完成流程包括了如图 1-3 所示的人脸检测与校准、人脸特征提取、人脸聚类、人脸比对、人脸搜索等过程。

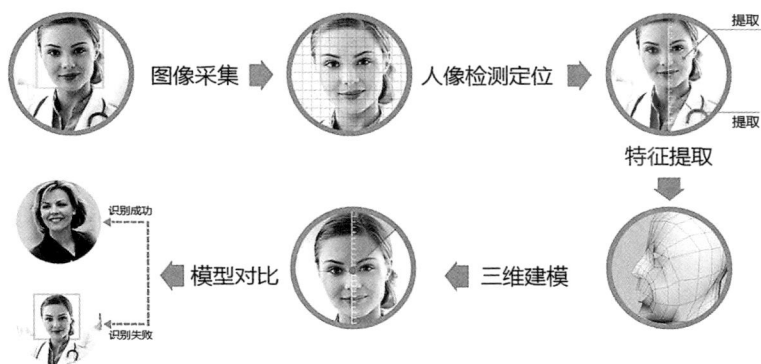

图 1-3　人脸检测、校准和特征提取的过程

　　(1)人脸检测与校准:检测出图像中人脸所在的位置。人脸检测算法的输入是一张图片,输出是人脸框坐标序列(0 个人脸框或 1 个人脸框或多个人脸框）。一般情况下,输出的人脸坐标框为一个正朝上的正方形,但也有一些人脸检测技术输出的是正朝上的矩形,或者是带旋转方向的矩形。常见的人脸检测算法基本是一个"扫描"加"判别"的过程,即算法在图像范围内扫描,再逐个判定候选区域是否为人脸的过程。因此人脸检测算法的计算速度会与图像尺寸和图像内容相关。开发过程中,我们可以通过设置"输入图像尺寸""最小脸尺寸限制"或"人脸数量上限"的方式来加速算法。

检测出人脸所在的位置后,需要进一步地配准来定位出人脸上五官关键点坐标。人脸配准算法的输入是"一张人脸图片"加"人脸坐标框",输出五官关键点的坐标序列。五官关键点的数量是预先设定好的一个固定数值,可以根据不同的语义来定义(常见的有 5 点、68 点、90 点等)。

(2) 人脸特征提取:将一张人脸图像转化为一串固定长度的数值的过程。这个数值串称为"人脸特征(face feature)",具有表征这个人脸特点的能力。人脸特征提取过程的输入也是"一张人脸图"和"人脸五官关键点坐标",输出是人脸相应的一个数值串(特征)。人脸特征提取算法会根据人脸五官关键点坐标将人脸对齐预定模式,然后计算特征。早前的人脸特征提取模型都较大,速度慢,仅适用于后台服务;但最新的一些研究,例如面向特定算法对运算架构进行改良的专有芯片,可以在基本保证算法效果的前提下,将模型大小和运算速度优化到移动端可用的状态。

人脸聚类(face cluster)：将一个集合内的人脸根据身份进行分组的算法。人脸聚类也通过将集合内所有的人脸两两之间做特征比对,再根据这些相似度值进行分析,将属于同一个身份的人划分到一个组里。在没有进行人工身份标注前,只知道分到一个组的人脸是属于同一个身份,但不知道确切身份。

人脸识别(face recognition)：从人脸数据库中搜索与输入的人脸特征相似的序列,并识别出输入人脸图对应身份的算法。它输入一个人脸特征,通过与注册在库中的 N 个身份对应的特征进行逐个比对,找出一个与输入特征相似度最高的特征。将这个最高相似度值和预设的阈值相比较,如果大于阈值,则返回该特征对应的身份,否则返回"不在库中"。

理解机器学习需要解决哪些问题,以及是如何解决这些问题的,对我们认知机器学习的能力边界,以及正确地去理解和定义所要解决的问题,并将其转变成为一个建模目标,有非常重要的意义。在工业人工智能的应用中,我们也面临许多十分相似的问题,许多的算法也因此是相通的。

1.4 什么样的人工智能技术更适合工业

在人工智能的发展历史上,逐渐分成了数个研究流派或者分支学科,这些不同的流派在方法论、对任务的理解、对技术工具的使用,甚至是对智能的理解哲学上存在巨大的分歧。而每一个学派都希望自己能够在智能算法方面有所突破,验证各自的理论在解决所有问题上的通用性。在这些不同的技术流派中,哪一些会更加适用于解决工业系统中的问题? 不同技术流派在解决这些问题中有哪些优势和瓶颈? 在本节中我们提出一些开放性的探讨,也为技术的选型和各类算法的优化方向提供一些参考。

神经网络——最接近人类思考的方式,最具备解决复杂问题的潜力

许多仿生学派的学者们通过由进化论、神经科学、动物行为等得到的一系列启发创造了很多不可思议的算法。2000 年 4 月,麻省理工学院的神经系统科学家团队在《自然》杂志上发布的一项实验成果引起了广泛关注。他们对雪貂的大脑进行重新布线,改变了雪貂从眼睛到听觉皮层以及从耳朵到视觉皮层之间的连接。不可思议的是,这并没有影响雪貂的视觉和听觉,而是听觉皮层学会了看,视觉皮层学会了听,雪貂的行动并没有受到影响。这证明大脑的功能皮层可能并非仅能胜任一种工作,而是可以按照需求进行重新组织和训练获取新的能力。大脑中的所有信息都以神经元电信号的方式存在,记忆通过加强集群放电神经元之间的连接得以形成,这涉及一个被称为长时程增强的生物化学过程。神经系统负责我们能感知以及想象的一切(如果想象的确实存在),如果大脑无法对其进行学习,那么我们就不知道它的存在。从最早的多层感知机到现在的层出不穷的深度学习神经网络,这些都是仿照了人的神经系统对信息的记忆、学习和处理方式来设计的,这种设计遵循两个最基本的原则:第一,信息通过神经元上的激发状态和模式分布存储在网络上;第二,对信息的处理和结果输出通过神经元之间相互激发的动态过程来完成。神经网络的发明是智能算法的一项重要突破,因为它很好地解决了两个重要的难题,即在无法构建数学式的情况下经过足够多的迭代逼近任意函数,以及通过大规模并行与串行组合处理机制提升计算效率,充分发挥计算机的运算能力。

生物多样性源于唯一的法则,即竞争选择。无论这种竞争的机制是来自自然的选择还是社会的选择,当选择的标准有意或无意地确定下来后,各种力量就会向着天平倾斜的一侧共同作用,直到达到设定的目标。计算机科学家对该机制非常熟悉,我们通过反复研究尝试许多备选方法来解决问题,选择并改进最优方案,并尽可能多地尝试这些步骤。许多算法都使用了竞争学习(competitive learning)这一概念,例如神经网络在训练过程中通过对训练数据所对应标签的编号决定哪些神经元将被激发或者抑制,利用这样的方式可以将训练数据中的"模式"记录下来;而增强学习则通过定义一个价值函数以迭代的方式逐渐完成对一个复杂任务的胜任。如增强学习中的 Q-learning 采用的方法是在当前状态下为下一步行动的结果打分,然后选取分高者作为这一步的最优策略。这样的思想也用到了大量的优化算法中,如遗传算法、粒子群算法、蚁群算法等。与"胜者为王"的竞争学习不同的是,这些优化算法更多采用了"合作性竞争"的方法,即在每一次迭代中所有的个体都向着表现最优的个体聚集。

当下得到飞速发展的人工智能技术,主要是大规模的深度学习。麦肯锡在 2018 年 4 月发布了一份名为"Notes From the AI Frontier Insights from Hundreds of Use Cases"的分析报告,探讨 AI 前沿技术应用在横跨 19 个行业、9 种业务功能、400 多个应用案例的概况以及对其产生的经济潜力。在报告中提到的 AI 技术,是指使用人工神经网络的深度学习技术和其他传统机器学习等概念,辅助或取代传统由人完成的工作,如图 1 - 4 所示。具体来看,神经网络有三类主要形式:前馈神经网络(FFNN)、循环神经网络(RNN)与卷积神经网络。其他机器学习概念从算法的类型来看,常见的机器学习算法有决策树算法(采用树状结构建立决策模型)、回归算法(对连续值预测)、分类算法(对离散值预测,事前已经知道分类)、聚类算法(对离散值预测,事前不知道分类)、集成算法(集成几种学习模型),其他机器学习又分为两个重要技术:生成对抗网络(GANs)和强化学习。

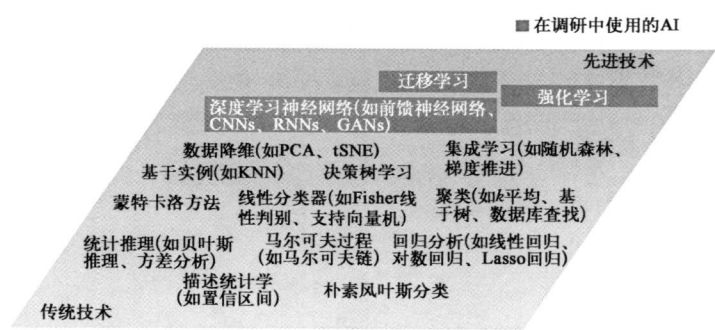

图 1 - 4 分析技术:神经网络算法——从经典到前沿

从图 1 - 5 可以看出,报告中涉及的 19 个行业仍然偏重传统的分析技术,其中又以决策树算法、分类算法与回归分析三种技术的应用频率最高,保险业是使用此三种技术最高的行业。至于 19 个行业所使用的机器学习相关技术的频率,以前馈神经网络最为普遍,其次是循环神经网络,其中又以汽车、银行、保险、零售业使用的频率相对较高。另外,就 9 大业务功能来看,营销和销售、供应链与物流管理是应用 AI 相关技术频率最高的前两项业务功能。营销与销售应用以 FFNN 最为普遍,其次是 RNN 以及强化学习技术。供应链与物流管理则是以 FFNN、CNN 与强化学习这三种技术为主。

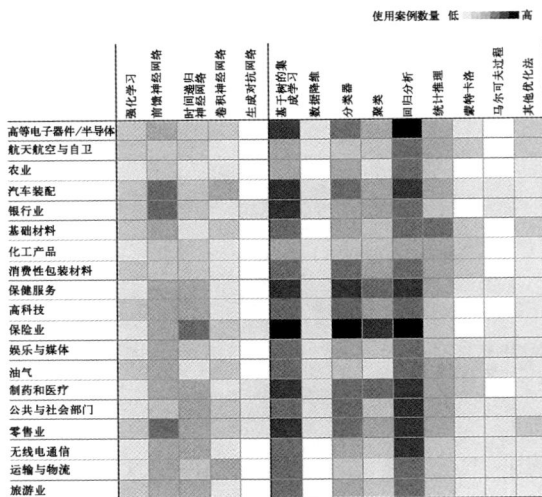

图 1－5　19 个行业应用 AI 相关分析技术的热力图

虽然深度学习神经网络在图像处理和语义识别等领域已经取得了令人惊叹的成就,但要广泛应用于工业系统仍然有很长一段路要走。其中最重要的原因是神经网络的表现还有太多的"惊奇"(surprise)，使用神经网络看似无所不能，你可以使用不同层数的神经网络，不同密度的连接在图像识别上得到 0.5% 的准确度，甚至可以应用在医疗放射图像的分析上，但是如果它们甚至不能自我解释，我们真的可以依靠它们吗？尽管在神经网络的可解释性研究已经取得了一些成果，例如从深度神经网络提取基于树的规则(extraction of tree-based rules from deep networks)、卷积层可视化、特征贡献度、InterpretNet 等，但是机器学习的预测从不确定性到相对可控的确定性仍然还有很长的一段路要走。在工业系统中的应用除了对精度有非常苛刻的要求外，还需要解释预测结果的合理性，以及相关的不确定性风险，而只有了解不确定性存在的原因，才能够用其他辅助手段对其进行管理。

统计学方法——对经验的可解释能力

根据统计学流派的观点，所有形式的学习都是基于一个简单的原理——贝叶斯定理，因为贝叶斯定理会告诉你，每当你看到新的证据后应该如何更新你的想法。贝叶斯定理就是将数据变成知识或者经验的机器，在贝叶斯统计学派中并不存在绝对正确的经验，我们对世界的认知取决于对世界观察所积累的经验,而贝叶斯定理就是将数据变成知识最可靠的方法。

有一个统计学家们反复验证多次的简单实验——在玻璃罐中放满糖果,然后请一群人来猜糖果的数量,记录每个人的答案、答案的平均数及正确答案之间的关系。以 2007 年在哥伦比亚商学院的实验为例,糖果实际数目为 1 116 颗,73 名学生参加实验给出答案的平均数为 1 115 颗,但在 73 名学生的个人答案中其实有天壤之别。也就是说在这个实验中,人们的群体经验远远超过了个人经验。另外一个相似的案例是美国"天蝎号"核潜艇的搜救。1968 年,美国"天蝎号"核潜艇在训练时突然失踪,为了寻找它的位置,美国海军派出了由数学家 John Craven 带领的搜救指挥小组,除了 John Craven 外,这个小组还包括了潜艇、水文、海事搜救等多个不同领域的专家。有趣的是,Craven 并没有让这些人凑在一起将彼此的经验整合制订一个搜救计划,而是让每一个专家独立按照自己的专业知识和经验来列举所有的可能性,并给出每一种情况发生的概率分析。随后 Craven 把各位专家的意见综合到一起,将整个海域划分成了很多个小区域,每个小区域的格子设定两个概率值 p 和 q,p 是潜艇在这个格子里的概率,q 是如果潜艇在这个格子里会被搜寻到的概率。按照经验,第二个概率值主要与海域的水深有关,在深海区域搜寻失事潜艇的"漏网"可能性会更大。由于所有区域的概率之和为 1, 如果一个格子被搜寻后, 没有发现潜艇的踪迹, 那么按照贝叶斯公式, 这个格子潜艇存在的概率就会降低, 而其他区域的概率就会上升。每次寻找时, 先挑选整个区域内潜艇存在概率值最高的一个格子进行搜索, 如果没有发现, 概率分布图会被"洗牌"一次, 搜寻船只就会驶向新的"最可疑格子"进行搜寻, 这样一直下去, 直到找到"天蝎号"为止。依据 Craven 制订的计划, 按照概率图在爆炸点的西侧开始寻找, 几次搜寻后, 潜艇果然在爆炸点西南方的海底找到了。由于这种基于贝叶斯定理的方法在后来多次搜救实践中成功应用, 现在已经成为海难、空难搜救的通行做法。

　　贝叶斯定理的提出及后人围绕其基本原理所做出的延伸和改进在许多领域带来了革命性的变革。语言处理大师贾里尼克 (Fred Jelinek) 在自然语言处理领域引入一个全新的视角, 认为语音识别就是根据接收到的一个信号序列推测说话人实际发出的信号序列和要表达的意思。他假设每一个字符都只与它的前一个字符有关, 一句话可以用一个马尔科夫链来表示。很多语言学家都曾质疑过这种方法的有效性。但事实证明, 这个基于贝叶斯定理的统计语言模型比任何当时借助已知的某种规则的解决方法都有效。20 世纪 80 年代微软公司用这个模型成功开发出第一个大词汇量连续语音识别系统。现在我们手机上的语音识别和语音输入功能都已经非常成熟了。

上述两个例子都是对贝叶斯定理精髓的生动诠释,即当你不能准确推断一个对象的某一属性时,支持某项属性的事件发生得愈多,则该属性成立的可能性就愈大。与传统统计学方法不同的是,贝叶斯定理允许对事物先入为主的判断,人们可以先根据自己的先验知识进行假设,然后再通过不断地观测去修正,使其向客观事实逼近。

贝叶斯学派最关注的问题是对不确定性的管理,以及如何利用经验使问题更加结构化。这使得贝叶斯定理及其衍生算法更加符合工业的需求,因为所有掌握的知识都有不确定性,而且学习知识的过程也是一种不确定的推理形式。学习的关键就是要在不同场景中认识到相似性,然后由此推导出其他相似性。简单的统计学方法早在20世纪70年代开始就已在工业界中广泛应用,包括质量管理的过程控制、机加工的热补偿模型、制造设计中的误差流分析、半导体中的虚拟量测等都大量应用了统计学方法和贝叶斯理论的衍生算法。

贝叶斯定理在实际应用中不断证明自己的同时也遇到了困境。经典统计学比较适合于解决小型的问题,但该方法要求我们获得足够多的样本数据,而且要求这些样本能够代表数据的整体特征。在处理涉及几个参数的问题时,它可以得心应手。

但如果相对于问题的复杂程度,我们只掌握少量的信息时,经典统计学就显得力不从心了,原因就是数据的稀疏性问题。

可能会奇怪,在如今的大数据时代还存在数据样本稀疏性问题吗?答案是肯定的。具体来说,一个取决于 n 个参数,并且每个参数只有两种表现(0 或者 1)的系统,共有 2^n 种现象。如果某类癌症的产生过程中有 100 个基因参与(这其实很保守了,人类总共有几万个基因),那么它有 2^{100} 种可能的基因图谱;根据采样定理进行估算,采用经典统计学方法至少需要获得 1% ~ 10% 的样本才能确定其病因,也就是需要制作出数万亿亿亿个患有该疾病病人的基因图谱。类比制造系统中的样本稀缺性问题,部分制造系统中的质量稳定度已经达到 6 - sigma 级别,即每 100 万个产品中只有 3 个次品,而决定是否会产生次品的过程参数却多达数百个。如果我们的目标是挖掘这些参数之间的相关性以及对最终质量的影响,进而从对过程参数的观察来预测最终质量的风险,那么这个数量级的基因图谱样本就是杯水车薪了。所以用经典统计学方法无法解释由相互联系、错综复杂的原因(相关参数)所导致的现象。而目前的情况是,相对简单的问题已经解决得差不多了,剩下的都非常复杂,要揭示隐藏在这些问题背后的规律就必须理解它们的成因网络,利用人的经验和科学原理,把错综复杂的事件梳理清楚。然而当我们要解决的问题越来越复杂,需要构建的网络结构也更加复杂,随之而来的是对计算能力和数据样本指数级上升的需求。与此同时,当我们对一个问题的认知还没有那么清晰时,也无法保证构建出正确和完整的网络结构。这也是贝叶斯方法与神经网络相比的劣势,在处理大型复杂问题时显得并不那么高效。

控制论方法——强调从对象和任务出发的系统设计视角

1948 年,美国数学家 Nobert Winer 在自己的著作中第一次使用了"cybernetics"(译为控制论)这个词,它的来源又可以追溯到希腊文词根"kybernetes",意为舵手或调节器。Winer 把控制论看作是一门研究机器、生命社会中控制和通信的一般规律的科学,是研究动态系统在变的环境条件下如何保持平衡状态或稳定状态的科学,代表"管理的艺术"。在控制论中,"控制"的定义是为了"改善"某个或某些受控对象的功能或发展,需要获得并使用信息,以这种信息为基础而选出的、于该对象上的作用。如果处理信息的手段中使用了人工智能算法,使之具备自学习功能和管理对象中不确定性的能力,就可以称之为智能控制系统。因而,智能控制系统的目的在于控制,而非智能。智能控制系统由至少 4 个闭环(loop)系统组成,即通信环、控制环、适应环和学习环。常见的智能控制算法又包括模糊控制、进化控制、基因控制、多智能体控制、神经模糊控制等。智能控制存在的意义在于更好地应对任务的复杂性,这种复杂性包括三个方面,即对象的复杂性(存在时变性、随机性、非线性等特点)、环境的复杂性(不明确的机理和无法检测的参数)和目标的复杂性(适应性、鲁棒性、容错性和多目标优化)。能够在各种复杂的不确定环境中,以最低限度的人工干预自主地实现最优目标功能的控制,是智能控制学科所追求的目标。

在控制论学派的观点中,感知、认知、反馈执行、迭代进化是实现智能的基本模式,其基本框架可以用图 1-6 来表示。对某项任务的达成可以通过多个智能代理(Agent)的模式进行知识交互,通过事件和信息来驱动行动流程,利用微服务架构实现"信息—认知—知识—决策"的点对点思维逻辑,构建实体空间与赛博空间中个体空间、群体空间、环境空间、活动空间、推演空间的知识交互、知识共享、知识再生社区,从根本上解决信息系统知识生产速度无法满足知识消耗速度的矛盾,建立自主认知、自主成长的可持续发展的"知识创造"系统。

同时,由于认知与决策是以"知识"为基础,而不是传统信息系统中的原始数据,所以对于记忆能力的要求也发生了变化,不再是数据的简单堆积,而是需要记住那些"有用的""有效的"和"有关联的"知识。

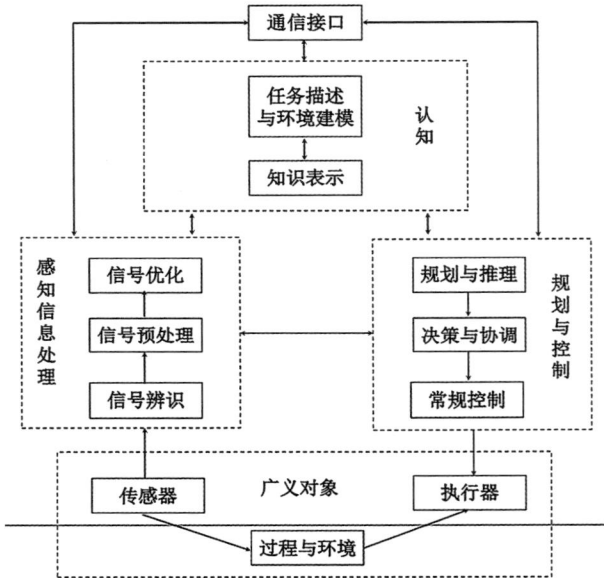

图 1-6 智能控制系统的一般架构

智能控制系统目前已经大量应用在工业和无人机等领域中,无人机所采用的控制辅助平台和自动巡航等功能大量使用了"智能代理(Agent)"的概念。我的同事 Kelly Cohen 教授在2016 年开发了基于基因模糊控制(genetic fuzzy control)的战机控制模拟系统,该系统能够与人类飞行员进行对战,并在模拟对战中击败了非常资深的飞行训练官(见图 1-7)。

随着控制论技术的不断发展,它逐步演化成了一个新的技术概念:赛博-实体系统,也称为信息-物理系统(Cyber-Physical

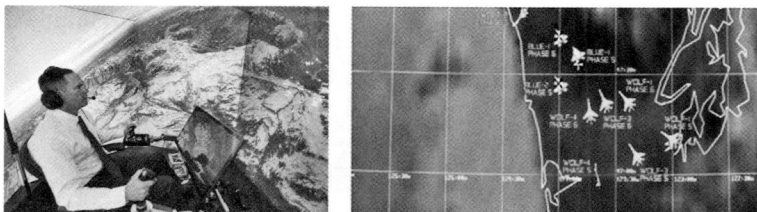

图 1-7　基因模糊控制的智能战机与人类进行模拟对战

System，CPS），因为同时被美国[①]和德国[②]列为国家战略的关键技术而备受关注。CPS 的基础在可见的世界中包括物联网、普适计算和执行机构，它们定义了实体系统的功能性，是感知和反馈的基础。在不可见世界中的来源（Resource）、关系（Relationship）和参考（Reference）构成了实体系统运行的基础，是 CPS 在赛博空间中的管理目标。CPS 中的通信（Communication）、计算（Computation）和控制（Control）是管理可见世界的技术手段，而建立面向实体空间内的比较性（Comparison）、关系性（Correlation）和目的性（Consequence）的对称性管理是核心的分析手段。而 CPS 的最终目标，是在赛博空

[①]　2007 年 8 月，由美国总统科学技术顾问委员会（PCAST）提出的《受到挑战的领导力：信息技术在全球竞争中的研究和发展》报告中将"网络信息技术与实体世界的连接系统"作为八大核心技术的首位。

[②]　2012 年 10 月，德国"工业 4.0"工作组正式向德国政府提出了工业 4.0 的执行建议并将赛博-实体制造系统（Cyber-Physical Production System, CPPS）作为智能制造系统的最关键技术。

间中对实体空间中 3V 的精确管理,即可视性(Visualizability)、差异性(Variation)和价值性(Value),如图 1－8 所示。

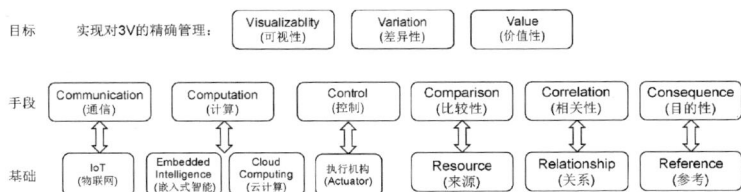

图 1－8　CPS 系统的要素与设计指导

CPS 实现系统智能化的方式可以概括为,将实体空间中对象、环境、活动的大数据的采集、存储、建模、分析、挖掘、评估、预测、优化、协同,并与对象的设计、测试和运行性能表征相结合,产生与实体空间深度融合、实时交互、互相耦合、互相更新的赛博空间(个体空间、环境空间、群体空间、活动空间与推演空间等的结合);通过对赛博空间知识的综合利用去指导实体空间的具体活动,实现知识的积累、组织、成长与应用;进而通过自感知、自记忆、自认知、自决策、自重构和智能支持等能力促进工业系统的全面智能化。

"赛博-实体"系统的本质目的,是构建从实体空间到赛博空间的映射,实体(Physical)空间是构成真实世界的各类要素和活动个体,包括环境、设备、系统、集群、社区、人员活动等。而赛博(Cyber)空间是上述要素和个体的精确同步和建模,实现 CPS 的镜像基础,以实时数据驱动的镜像模型动态反映实体状态,通过个体空间、群体空间、环境空间、活动空间与推演空间的建立,模拟个体之间、群体之间和与环境之间的关系,记录实体空间随时间的变化,并结合活动目标,可以对实体空间的活动进行模拟、评估、推演与预测,形成决策知识,并构成完整的知识和知识发现体系,如图 1 - 9 所示。

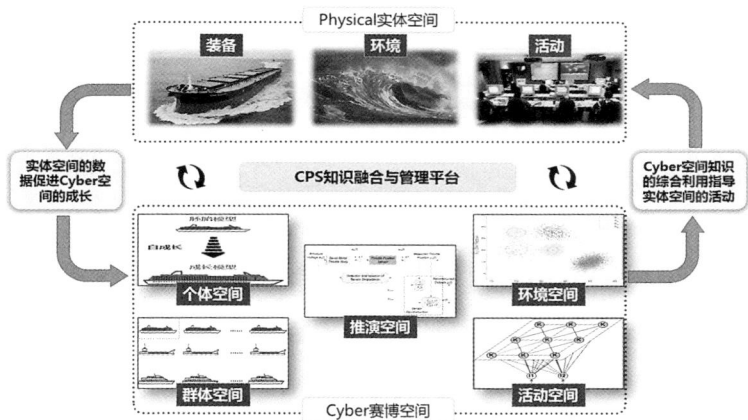

图 1 - 9　CPS 系统中实体空间与赛博空间构型关系示意图

CPS 是一种多维度的智能技术体系,以大数据、网络和海量计算为依托,通过核心的智能感知、分析、挖掘、评估、预测、优化、协同等技术手段,将计算、通信、控制有机融合与深度协作,做到涉及对象机理、环境、群体的赛博空间与实体空间的深度融合。可以说,CPS 的核心正是在于:以数据为模型驱动,分析物在环境中活动的结果与目标的差异,采取协同解决方案;最终通过自治和智能支持促进工业的智能化发展。与仿生学派和统计学派相比,控制论学派的专家更加注重从信息到行动的闭环,因而对信息的处理方式更加聚焦和收敛,并且更加强调系统的边界管理,即在边界内的决策与执行尽可能保持稳定和精确,而面对边界外的情况时尽可能对系统进行保护。

工业人工智能不仅是算法,人、物/事、系统的整合更重要

上述讨论的是什么样的人工智能技术更加适合工业,这里面既有像神经网络和统计这样的算法和分析工具,也有像 CPS 这样的系统性方法,但是我认为真正适合工业的智能技术需要将人、事/物和系统连接起来。在信息技术成熟之前,主要是通过人来管理事和物,而当时的系统主要是企业文化、学徒制和制度纪律。从几年前开始兴起的物联网技术做到了将事和物与人连接了起来,变成了由物驱动人;但是这个观念还不够完整,目前 IoT 的应用其实并没有给工业界带来太明显的变化,因为 IoT 只是将人和物连接起来,并没有改变和优化过去的系统。工业智能化需要的是将人通过系统与物连接起来,用系统去驱动人和事,从过去的基于经验(experience-based)转变成为基于事实

依据(evidence-based)的运行模式,并在这个过程中不断优化系统。富士康科技集团创始人郭台铭先生首先提出"六流"系统,即系统与人的连接为"六流"(人员流、物料流、过程流、技术流、资金流、数据流)和"六管"(生管、经管、品管、工管、人管、安管),并通过移动化的企管应用打破地理边界,使协同更加高效。系统与物/事之间的连接靠的是 CPS 的 5C 系统,以及 DT、AT、PT、OT 等技术工具(见图 1 - 10)。

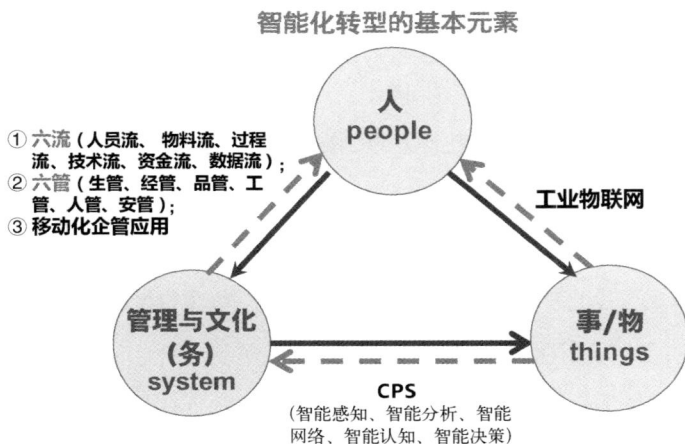

图 1 - 10　将人、物/事、系统进行整合的工业智能系统

工业系统要做到 3 个 W,第一个是减少浪费(waste reduction),我们过去通过纪律训练和流程改善等方式去实现,主要依靠 TPM、精益和六西格玛等手段。第二个是减少人力(work reduction),我们通过设备的自动化和制造系统的集成自动化来实现。这些都是过去我们已经做到的,而工业人工智能需要做到减少忧虑(worry reduction),就是去管理哪些我们过去因为看不见或不了解造成的问题和不确定性。在人、系统和物之间我们通过建立和管理数据的来源性(Resource)去进行不同维度的对标分析和参考性(Reference),从而不断发掘物与事之间的关系性(Relationship),利用对这种关系性的洞察去不断优化系统,最终实现系统的自我调节、重构和协同的强韧性(Resilience),这样就可以实现工业系统的无忧。例如当我们发现设备故障与运行参数和操作之间的相关性,就可以优化设备的使用和维护方式,从而实现设备的零宕机运行;当我们发现制造系统的过程参数与最终产品质量的关系后,就可以实时监控和调节过程参数,选择最合适的工艺参数组合,并在制造过程中进行调节补偿,从而实现工业系统的零次品生产。当我们发现发动机的能耗与外界环境、飞行航线和发动机参数之间的关系后,就可以进行参数优化以实现能耗的节省。如果我们能够预测生产系统对能源和物料的需求,并且在最恰当的时机精准地贴合它的需求,就可以实现生产系统的零浪费运行。

1.5　当机器智能遇到工业

2018 年 3 月 1 日,美国国际战略研究中心(CSIS)发布《美国国家机器智能战略》报告。由于过去五年机器智能（machine intelligence，MI）在各个领域的加速发展所取得的巨大成果，当前美国正在进入技术变革的历史关键性时期。报告提出以促进MI技术安全、可靠发展和维持美国在MI领域的世界领先地位为目标，从MI研发、人才培养、数据环境、法律政策、风险管控、战略合作6大方面提出了具体举措，用于指导该国家战略的制定。这份报告中设立了未来MI发展的两大总体目标，一是促进MI技术安全、可靠的发展；具体举措包括：对MI技术的持续研发予以资金支持，培养MI时代的新型劳动力，建立灵活开放的数据生态促进MI发展，预测并管控MI技术带来的风险等；二是保持美国在MI领域的全球领先地位，具体举措包括制定合理的政策促进MI创新应用，以及与部分国家建立战略性合作关系等。

为了使机器智能的定义以及与人类的关系更加明确，这份报告创造性地将人类智能与机器智能进行了对比，其中的观点与我在多次演讲和过去的书中所提出的观点不谋而合。从智能的来源方面，人类智能更多来源于观察、学习和文化，属于基于经验的演化方式（experience-based）；而机器智能则来源于数据以及算法对数据中关系性的挖掘，更加注重数据中表现出的客观规律与事实（evidence-based）。在适用性方面，人类智能更能适应不确定性高和可预测性较差的环境,在判断力、创造力和理解力方面更加胜任;而机器智能则更适应数据充足、变量维度更高、可预测性较好的环境,在精准高效地执行确定性任务方面更加胜任。同时我们也必须意识到,机器智能当前的胜任范围仅限于解决已经被定义的确定性问题(pre-defined problems),虽然目前在自学习的算法方面(如增强学习、迁移学习等)有了突破,但是其学习过程依然是建立在已经被定义的损失函数(loss function)和迭代规则之上的。

在机器智能的应用战略方面,报告中特别强调了 MI 技术在培养新型劳动力方面的潜力。我们曾经在《CPS:新一代工业智能中》提到过工业智能时代所要解决的核心矛盾,一方面是进一步提升生产力的效率,帮助人去完成危险和重复性高的工作;另一方面,更重要的是提升人类获取、利用和传承知识的效率。由于每一个国家制造文化的不同,机器智能在每个国家应用于工业的方式和侧重点也会不一样,但是归根结底都是要解决人的矛盾,在于可持续性地创新和传承。

人们对于人工智能领域的重新关注源于深度学习算法在近些年来取得的重大突破,因此本轮人工智能热潮的背后并非 AI 技术的革命性突破,而仅仅是对已有方法的有限改进,并没有超越神经网络的范畴,在技术层面的准备还不够充分,有过度炒作之嫌。当前的 AI 产业发展面临泡沫化的风险,主要体现在投资供应数量大而项目供给数量少,市场对创业项目寄予很高的期望,大量资金过度流入热门领域,而实际的产品体验欠佳,被认为有泡沫化风险;反观实体经济,智能化的发展和成果较其他领域还很少。

GE 在 2013 年提出了"Machine+Minds"的观念,提出了将基于嵌入式算法(machine-based algorithms)的智能设备与大数据环境中的智能算法相结合的观点,创造性地将知识创造过程和知识利用过程的载体进行了区分。2018 年 3 月份,埃森哲和 HFS Research 联合研究发布的一份名为《智能运营:决胜未来》的报告,调研了全球 460 位企业高管,包括 30 家中国企业,认为企业需要聚焦以下五大要素:创新人才、数据支持、应用智能、云赋能和智能生态,基于数据洞察提升业务结果并完善客户体验,从而应对数字化变革带来的巨大冲击。在过去的五年中,我们看到了许多人工智能落地于工业场景的应用,包括机器视觉检测、虚拟量测、预测性诊断和人机协同装配等。我们能够感受到工业智能化时代即将到来的序曲,但是也意识到人工智能在落地于工业的过程中在系统性和稳定性方面的不足。因此,希望通过这本书来分享我们在工业智能化十几年的实践中积累的一些经验,明确人工智能与工业智能之间的区别和关系,介绍工业智能系统性方法论和开发流程,以期帮助企业更好地理解应用工业人工智能实现价值转型。

在 2019 年 2 月 11 日,美国总统特朗普签署行政命令《美国人工智能倡议》(American AI Initiative),这是一项事关美国人工智能发展的重要国家级战略,从投资、开放政府数据资源能力、相关标准建设、就业危机应对以及制定相关国际标准五大方面确定了美国未来一段时间内的人工智能发展方向;并对智慧医疗、智慧城市等领域提出了重点帮扶,同时明确表示了由潜在威胁国家对关键人工智能技术跨国收购的排斥。在这一份充满竞争性和火药味十足的行政命令中,对确保美国保持在人工智能领域的世界领先地位提出了五大原则和六项战略目标,希望从政府监管制度的友好性、推动制定适当的技术标准、产学融合创新鼓励、人才培养和数据开放等方面加速人工智能技术的发展与应用;但也有人指出,该政策虽然设定了不小的目标和远大的雄心,但是在具体的细节上却显得含糊不清,甚至都没有提到这项政策相关的经费应该从哪里支出。而在应用领域方面也主要侧重于智慧城市和医疗两个领域,并未对工业领域的应用提出明确的期望和侧重点。

随着中国近些年来人工智能行业的崛起,以《新一代人工智能发展规划》《促进新一代人工智能产业发展三年行动计划》为代表的政策发布,百度公司、阿里巴巴集团、腾讯公司等互联网巨头投入巨资进行 AI 研发,以及 AI 独角兽初创企业在国际崭露头角,使美国感受到来自中国在 AI 技术全速发展的竞争压力。中国近些年在人工智能领域的初创企业主要以语音识别、图像视频识别和文本识别等为核心技术,广泛涉及金融行业和共享经济等市场大、需求高的生活服务领域;但在核心 AI 技术的研发、AI 原型系统、AI 的架构和系统支持、AI 的网络基础设施、数据集和标准技术方面的发展仍然与美国有一定的差距。为了能快速弥补在基础技术能力方面的差距,同时加速 AI 技术的商业化应用,中国在《新一代人工智能发展规划》中提出三步走战略,政策也更加全面实际。第一步是到 2020 年让中国的 AI 产业界与最强竞争者"齐头并进",成为新的重要经济增长点,并成为改善民生的新途径;第二步是到 2025 年人工智能基础理论实现重大突破,部分技术与应用达到世界领先水平,在智能制造、智能医疗、智慧城市、智能农业、国防建设等领域得到广泛应用,并初步形成人工智能安全评估和管控能力;第三步是到 2030 年人工智能理论、技术与应用总体达到世界领先水平,成为世界主要人工智能创新中心。因此,目前开发智能产品,鼓励智能制造,加大人才培养,改善发展环境成为重点,而人工智能在制造领域的应用也已摆在了十分重要的位置。

1.6　工业人工智能与通用人工智能之间的差异

工业人工智能与目前人们普遍认知的人工智能的差异不仅体现在应用领域的不同,更加体现在对于功能要求和算法工具的不同,在此我们首先从目的性和方法层面对二者的定义进行区分。

通用人工智能是一种具有试错调整导向性(trial & error judgement driven)的认知科学,主要包括了六大领域:自然语言处理、计算机视觉、认知与推理、博弈与伦理、机器学习和机器人学。由于其发散性和机会导向(divergent & opportunity-driven)的功能特点,可应用方向非常广泛,适用于社交、医疗、商业等众多领域,但在工业领域尚缺乏可被规模化复制的成功案例。目前具有代表性的通用人工智能的技术包括无人驾驶、语义识别和人脸识别等。

工业人工智能是一种实现智能系统在工程领域应用的系统训练及方法,具有系统性(systematic)、快速性(speed)和可传承性(sustainable)的特点。由于其收敛性和效率导向(convergent performance & efficiency-driven)的功能特点,使得工业生产以及设备机器在原本的基础上差异化提升,如提高能源利用的效率、交通工具的安全性、机器的稳定性等。应用方向聚焦在工业设备和制造业,交通运输(高铁、航空、船舶等),能源行业(电网、风电、发电设备等),生产装备及自动化(机器人、数控机床等),具体差异如表 1 - 1 所示。

表 1 - 1　通用人工智能与工业人工智能的对比

	通用人工智能(AI)	工业人工智能(Industrial AI)
定义	一种具有试错调整导向性的认知科学,例如自然语言处理,图像处理、自动推理、机器人学等。可应用方向相当广泛,适用于医疗、商业等众多领域,但在工程领域尚缺乏实际的成功案例	一种实现人工智能在工程应用的系统训练及方法,具有快速性(speed)、系统性(systematic)及可传承性(sustainable)等特性,例如: (1) 不同人使用同样的工具可得到相同或相近的结果; (2) 可迈向人工智能标准化的方向
功能	发散性的机会导向如 (1) 无人驾驶。 (2) 分享经济。 (3) 人脸识别等 ……	收敛性的性能或效率导向在原本的基础上具有差异化提升,如 (1) 提高生产的效率。 (2) 改善质量稳定性。 (3) 降低能耗成本。 (4) 提升设备的稳定性。 (5) 汽车的安全性 ……
应用领域	各个领域,如 (1) 社交网络。 (2) 金融领域。 (3) 医疗行业	工业设备和制造业,如 (1) 交通运输:高铁、航空、船舶等。 (2) 能源:电网、风电、发电设备。 (3) 生产装备及自动化:机器人、数控机床等

	通用人工智能（AI）	工业人工智能（Industrial AI）
算法 工具	（1）机器学习。 （2）深度学习等	（1）宽度学习。 （2）深度学习。 （3）模糊学习。 （4）借力学习

人工智能真正开始被规模化地应用于工业系统中，进而实现工业人工智能系统，至少需要做到以下"5 个 S"：

系统性（Systematic）：在技术层级和应用层级方面的体系化，需要建立一套接口体系，明确工业智能在部件级、设备级、系统级和社区级等不同层级中的任务边界及相互的接口。我们在工业系统里面发现，无论是离散型制造还是流程型制造，单点突破很难做到价值提升，一定是整体系统导入才能实现。

标准化（Standards）：与现有工业系统的标准化体系相结合，包括方法论、工艺、计量、建模过程、数据质量、模型评价、容错机制、基于预测的操作规程、不确定性管理等各方面的标准化，尤其是对分析结果的表达方式，以及反馈到执行过程中的决策依据和流程的标准化。如果不能够和现在已有标准相互融合，则很难真正将技术融入工业，更无从去产生价值。

流程化（Streamline）：在系统性方法论的基础上创建的工业智能系统开发和实施的工作流程，以及工业智能系统在获取信息和输出决策的流程在各个操作层面与工业系统的流程(信息流、技术流、金流、人员流、过程流、物流)相互连通,实现智能应用的快速落地。

敏捷性(Speed):虽然工业系统当中的问题很明确,但是有很多需要迅速完成系统搭建、建模、验证和部署,解决碎片化问题和满足客制化需求的快速响应能力。

可持续传承(Sustainable):与人工智能预测的可解释性和结果的确定性相似,如何能够做到同一组数据和同一个模型,不同的人来训练得到的结果都要是一样的,否则就很难做到制造系统的标准化和一致性管理。

标准化、流程化和体系化的目的是实现工业智能的敏捷性和可持续传承,其中可持续传承尤为重要,具体表现为任何人在使用同样的方法和工具训练模型都可以得到相同或相近的结果,也标志着人工智能标准化的方向。正如我在《从大数据到智能制造》一书中所提到的,各个工业强国拥有不同的制造哲学。日本人把从解决问题的过程中所学到的知识,通过人作为知识的载体,再经过训练得以传承,从而解决并且避免问题。德国人将解决问题的经验固化到装备中,以装备作为知识的载体,自动化地解决和避免问题。美国人则通过数据了解问题,获取知识,最后解决和重新定义问题,形成闭环。

图 1-11 解释了工业人工智能与人工智能和机器学习、专家系统和专家经验之间的区别。专家经验指技术人员必须经过长期实践后所获得的经验。例如在旋转机械设备的故障诊断中,经验丰富的专家仅凭借人耳便能准确判断并且定位故障发生的位置。而这种经验在传承性方面存在巨大挑战,部分经验往往随着人员的离开而消失,导致企业解决问题的能力无法持续得到保证。此外,这种经验有其对不可见问题的局限性,比如再有经验的专家也无法准确评估设备目前所处的健康状态。专家系统是一种基于本地化专业知识进行开发,以知识库和推理机为中心的系统,因此很难应对环境和工况变化而导致的不确定性。性能的提升需要人为定期地对系统进行升级更新。一般

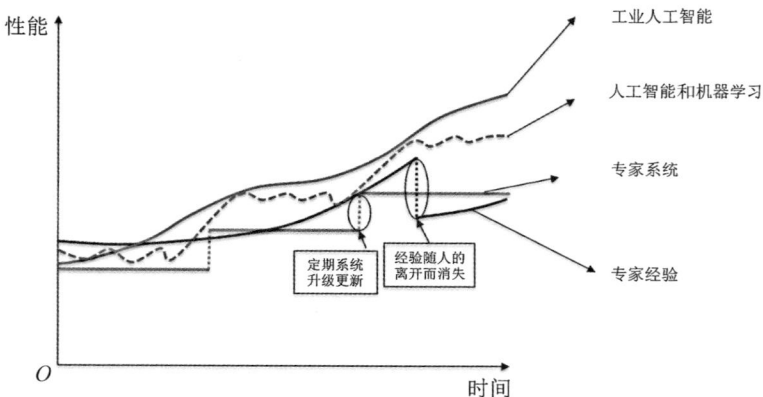

图 1-11 工业人工智能、人工智能和机器学习、专家系统和专家经验的对比

的人工智能和机器学习所开发的系统较前两种方式在解决问题的准确度上有大幅提升,具备一定的学习能力,但是在面对多变的工况和多元化的数据时,系统的鲁棒性不足。未来的工业人工智能基于多方位学习,同时具有可传承性、系统性和快速性,因此系统的性能会稳步提升。

1.7　人工智能在工业界落地的挑战

人工智能技术虽然已经在许多应用中取得突破,但是距离能够在工业场景中规模化落地仍然存在很大的差距,这是因为工业和制造业的基础在于对稳定性、标准化、精确性和可重复达成率的不断追求,以及与机理、工艺和运营流程的紧密结合要求。人工智能技术在能够全面融入工业系统体系之前,首先要克服可重复性、可靠性和安全性方面的挑战。

是否具备可重复性

2018 年 2 月 15 日,Matthew Hutson 在美国《科学》杂志上指出,目前众多在论文中发表的算法,尤其是机器学习算法,大多数没有经过可重复性验证,因此机器学习算法最多只能算是理论与假设,而不具备系统性。Matthew 认为将推理作为逻辑工具存在三个弱点：① 相关性不能证明因果关系；② 有必然的不确定性；③ 由于知识局限必然产生的错误概率。导致这种不可重复性的因素之一来自它将强推理（strong inductive reasoning）结果的可能性（probability）直接替换成了确定性的结果判断，从而完全忽视了强推理逻辑形式最重要的特点——不确定性（uncertainty），导致了判断个体行为过程中出现局限和偏差。而这种偏差在工业中会直接影响系统的可靠性和安全性，导致严重的后果。

数据的可用性问题

从数据层面来看，AI 技术面临着五大限制与挑战：① 训练数据的标记严重依赖人工，难以获取足够大且全面的训练资料集，而数据标记的质量又严重依赖人的经验和能力，如果样本的质量是模型表现的边界，那么这个边界本身就是人的边界；② 模型透明度有待提高，例如疾病诊断过程中，AI 技术可以利用患者数据来得出诊断结论，但无法解释这一结论是如何一步一步得到的，这将直接影响其在工业系统这一有高可靠性要求领域的应用；③ 机器学习缺乏可概括性，难以从一个应用直接复制到另一个相似的应用，这意味着企业需要投入大量的资金和精力来面向新的问题训练新模型；④ 数据和算法存在偏差的风险，如不同的社会文化差异等,可能需要更广泛的步骤来解决;⑤ 在数据隐私和利益归属方面难以达成一致,例如企业使用客户的数据甚至经验所训练出来的模型,知识产权和收益应该如何分配。

考虑到数据的重要性,对于企业和组织来说,制定数据策略,建立数据中心(或者说选择云供应商),储备专业人才,都至关重要。

在技术开发方面,企业或组织必须开发出健全的数据维护和管理流程,实现现代的软件开发规范。最具有挑战性的是克服"最后一公里"的问题,确保人工智能能够落实到企业的业务流程以及产品和服务中。

一直以来我们可能都有一个错误的印象,就是我们已经在工业系统中获得了足够多的可被分析的数据;但从我们与许多企业合作的经验来看,这个愿望似乎并没有真正实现。虽然工业系统中的数据量已经非常巨大,但是数据采集不规范、缺少关键参数、变量时序没有对齐、缺少工况和维护记录等标签、数据质量较低等问题几乎在每个企业都存在。解决工业数据的可用性问题,就要对质量的有效性、维度的全面性和背景的隐藏性(即 3B)这三个挑战进行有效的管理。

质量的有效性(Bad Quality): 在工业大数据中,数据质量问题一直是许多企业所面临的挑战。这主要受制于工业环境中数据获取手段的限制,包括传感器、数采硬件模块、通信协议和组态软件等多个技术限制。对数据质量的管理技术是一个企业必须要下的硬功夫。

维度的全面性(Broken): 工业对于数据的要求并不仅在于量的大小,更在于数据的全面性。在利用数据建模的手段解决某一个问题时,需要获取与被分析对象相关的全面参数,而一些关键参数的缺失会使分析过程碎片化。举例而言,当分析航空发动机性能时需要温度、空气密度、进出口压力、功率等多个参数,而当其中任意一个参数缺失时都无法建立完整的性能评估和预测模型。因此对于企业来说,在进行数据收集前要对分析的对象和目的有清楚的规划,这样才能够确保所获取数据的全面性,以免斥巨资积累了大量数据后发现并不能解决所关心的问题。

背景的隐藏性(Background): 除了对数据所反映出来的表面统计特征进行分析以外,还应该关注数据中所隐藏的相关性。对这些隐藏在表面以下的相关性进行分析和挖掘时,需要一些具有参考性的数据进行对照,也就是数据科学中所称的"贴标签"过程。这一类数据包括工况设定、维护记录、任务信息等,虽然数据的量不大,但在数据分析中却起到至关重要的作用。

是否具备足够的可靠性

根据不同的领域和应用场景对可靠性的不同要求，人工智能的应用可大致分为关键性应用（mission-critical）和非关键性应用（non-mission-critical）。

现在市面上大多数人工智能的产品对系统的可靠性要求并不苛刻，只要达到了基本的可用性门槛，对偶尔出现的问题可被容忍的程度较高，并且不会导致严重的后果，这属于非关键性应用。iPhone X 发布后，其作为新款 iPhone 一大卖点的人脸解锁功能（Face ID）被用户抱怨在个别条件下无法使用，功能的实用性受到一些质疑，但是即使解锁失败也可以通过系统重设恢复正常，不会对用户造成伤害。商业推荐系统会根据用户的行为，如购物记录、消费记录、搜索记录、浏览网页的记录以及经常出现的场所等，判断用户的喜好，推荐可能感兴趣的内容。这类系统本身对准确率和可靠性的要求并不高。在其他一些应用中，即使系统失效也可以通过其他备用方案解决需求，比如，用户在一辆共享单车出现故障无法打开时，可以选择另外一辆或其他方式出行；如果用户发现语音输入的结果不准确，那么还可以通过手写输入、打字输入或直接发送语音等其他方式发送消息。

而对于关键性应用，即便系统出现小概率的故障或者失效，也会导致严重的后果，造成财产损失，甚至威胁人身安全和社会稳定。智能驾驶产业规模持续扩大,预计到 2020 年全球产业规模将达到 95 亿美元,而目前相关产品在可靠性和安全性方面还面临非常严峻的挑战。2018 年 3 月 18 日,史上首例无人驾驶车撞人致死事故发生在美国亚利桑那州坦佩市。Uber 自动驾驶测试汽车在当地时间晚上 10 时左右以时速 36 英里的车速撞死了一名在横穿马路的女子。公布的行车记录视频显示,在事故发生前 Uber 的自动驾驶系统并没有及时采取任何制动措施,而在车中的安全员也未能及时接管驾驶权,直到碰撞发生前最后一秒才发现行人。虽然关于事故的更多细节尚未透露,但可根据自动驾驶系统的基本结构推测出两个可能的原因:① 传感和探测设备未能及时感知行人;② 决策机制没有及时对可能发生的事故作出紧急反应。此次事故折射出目前的无人驾驶技术对于不可控突发情况的应急处理能力不足。截止到事故发生时,无人驾驶的伤亡记录为每 1 500 万~2 000 万英里有一人死亡,远没有达到人类驾驶的每 8 600 万英里有一人死亡的数字。而在系统的稳定性方面,Google 还未发布的无人驾驶项目 Waymo 达到了平均 5 600 英里需要一次驾驶员人工介入,而 Uber 的系统则需要更加频繁的人工介入才能实现在公共道路上的驾驶。

无论是真正的无人驾驶技术还是驾驶辅助系统,对可靠性的极高要求和对失效带来的严重后果的不可容忍性使得该技术在超越人类驾驶水平之前难以真正地进入市场。这样的挑战在工业系统中也是一样的,如果真的要用人工智能技术对整个系统的运行进行托管,需要对那些完成关键任务的工作格外谨慎,这既需要在算法和建模准确性上进行突破,也要从系统设计方面制定安全边界和不确定性管理机制。波音 737Max 的连续空难事故带来的惨痛损失让我们不得不重新审视"智能系统"为原来可靠的 737 系列带来的不确定性冲击。

是否具备足够的安全性

正如工业人工智能的机会空间中所呈现的,人们总是对于能够代替人类完成特定的、看得见的任务充满激情,而往往忽视了那些看不见的、但恰恰是更重要的问题,比如安全和风险。2018 年 3 月 23 日,在美国湾区高速公路上发生一起致命车祸,一辆特斯拉 Model X 驾驶失控撞上隔离带,车身断成两截,同时汽车使用的锂电池发生爆炸起火,车主受到重伤,抢救无效死亡。同时由于电动而非汽油引发爆炸的特殊性,美国湾区消防队在特斯拉工程师的协助下花了 6 个小时才完成了现场的清理工作。此次事故不仅暴露了新能源汽车安全问题,而且事故发生对社会秩序产生的影响和电池对环境造成的污染问题也令人担忧。对于汽车等交通工具而言,首先汽车制造商保证的是不可见的安全性,其次才是可见的高科技为驾驶者所带来的前所未有的体验。

2018 年 3 月中旬,美国《纽约时报》《纽约观察者报》和英国《卫报》等媒体先后曝出,一家名为剑桥分析(Cambridge Analytica)的公司,通过第三方应用手段获取了 5 000 万 Facebook 用户的个人信息,并对这些用户进行大数据分析和心理学建模,了解他们的喜好以及政治倾向,又通过 Facebook 的广告系统精准投放他们喜好的新闻和广告,潜移默化地用他们想看到的信息影响其政治倾向和最后的投票,从而影响选举进程。此次事件中不仅涉及数据本身的安全问题,如何避免社交媒体大数据被用于政治目的也成了焦点。

1.8　工业智能为实现工业价值转型带来的新机会空间

我们在《CPS:新一代工业智能》中曾对前三次工业革命和正在发生的新工业革命进行了对比。本次工业革命被称为"智能化"的革命,需要解决的生产力瓶颈在于技术要素的不可见部分,即人的知识产生和利用效率已经不能满足生产系统的要求,依靠人的知识和经验去驱动的生产系统已经达到了生产力的边界,难以使其以最优的效率运行和协同。受人的经验和知识的限制,以人的决策为驱动生产系统中有很大一部分的价值并没有被释放出来。这主要体现在对知识获取的速度、能力的深度、应用的规模化三个方面的瓶颈。

明白这个道理对于我们去认知现在层出不穷的技术概念有很大的帮助,人工智能、大数据、物联网、工业互联网、云制造等新技术的诞生,本质都是为了提升知识生产力要素和价值交付的效率。

我们仍然沿用《从大数据到智能制造》一书中问题的"可见"和"不可见","解决"和"避免"的四象限图来分析人工智能目前的应用场景。目前国内外 AI 技术和应用的发展主要集中在第一部分解决"可见问题",这一部分中的技术和应用是实现代替人完成一般性或特定的、重复性高且人类不想做的工作。波士顿动力为代表的特种机器人可用于军事和救援,代替人去完成一些危险性高的任务。近些年医学成像技术不断进步,各种医学影像包括 X 光、超声波、CT、核磁共振、数字病理成像等都积累了大量医学影像数据。智能医疗影像利用这些影像数据来训练深度学习模型并进行辅助诊疗,实现了对各种癌症早期病变的智能化筛查和识别,提升阅片效率的同时也降低了人工误判。

第二部分的人工智能避免可见问题区域的应用,需要完成人能做但做得不够好的任务。基于深度神经网络的翻译系统(如 Google Translate 等)、语义理解及对话系统(如 Siri 等),在一些场景下取得阶段性成功,这标志着人与计算机之间用自然语言进行有效沟通的理论方法取得突破。将来随着上下文的语境表征和知识逻辑推理能力的发展,知识图谱不断扩充,人类将实现通过自然语言进行人机对话,更好地沟通,帮助人类避免烦琐的交互操作。无人驾驶和自动驾驶技术旨在通过传感器系统感知探测周边动态环境,包括行人和车辆的移动信息、道路和交通指示信息以及实时行为和路况信息等,并可根据已设置好的目的地规划最优路线进行驾驶,有能力及时察觉并避免潜在的危险。目前在开发中的自动驾驶技术,包括 Google、Uber 等。

第三部分解决不可见问题的区域里,人工智能需要实现帮助人了解不存在的问题和机会。随着信息几何级数的爆炸式增长,如何帮助用户在不可见的信息世界里用最短时间锁定最有价值的信息是一个很大的挑战。智能搜索,利用大数据环境,通过角色登记、喜好识别、内容语义理解以及信息过滤推送等功能,提供更智能化、定制化和人性化的高效信息检索服务。智能搜索普遍结合语音识别、图像识别、定位功能等,以多种形式被生活服务类智能系统广泛应用,如淘淘搜、百度搜图、听歌识曲、高德地图、墨迹天气等产品,智能搜索帮助人解决了对不可见世界的信息掌控问题。

在此区域中另外一个任务是如何利用大数据环境进行潜在的风险评估。在金融大数据环境中,智能化的征信风控体系的建立对于全方位的风险评估有重要的作用;在医疗大数据环境中,关联最大范围内患者的相关数据和医疗记录来辅助诊疗以及健康管理。

对于制造系统遇到的问题,我常常把它们分为"可见"和"不可见"两类。处理这些问题的方式也可以分为在问题发生后去"解决"和在问题发生前"避免"。生产系统中的"不可见"问题包括设备性能的衰退、精度的缺失、易耗件的磨损和资源的浪费等。可见问题往往就是这些不可见因素积累到一定程度所引起的,比如设备的衰退最终导致停机,精度的缺失最终导致产品质量偏差等。就如同冰山一样,可见问题仅仅是浮在海面上的一角,而隐性的问题才是隐藏在海面之下的恶魔。现阶段,中国的制造企业向智能化转型的本质就是从解决可见问题到避免不可见问题的过程。工业大数据、人工智能技术在这其中的作用就是要通过预测生产系统中的不可见问题,从而获得去避免和解决这些隐形问题的手段,这样才能实现无忧制造。

在当前这个阶段,绝大多数制造企业关注的是第一和第二空间的改善机会。不过,工业智能技术更应该应用于解决和避免不可见的问题,即第三和第四空间的机会,只有这样才能实现制造系统生产效率和产品竞争力的突破,实现制造系统向智能化和无忧化转型。而本书将重点针对不可见世界的问题进行讨论,即阴影部分区域将是工业人工智能技术和应用开发所涉及的领域,特别是第四部分代表的人工智能替人类预测和避免还没有发生的问题。

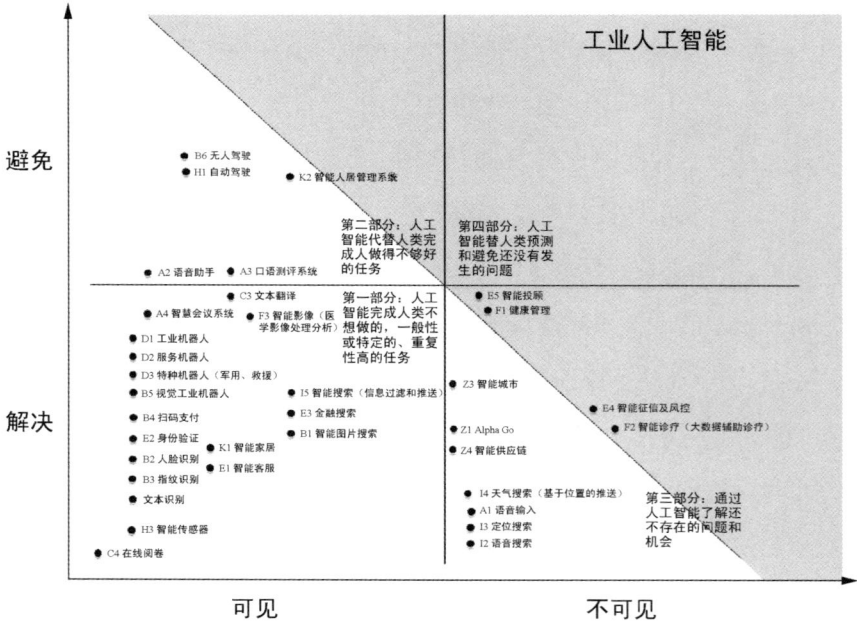

图 1-12　人工智能的应用场景 vs. 工业人工智能的机会空间

第 2 章
工业人工智能的定义与意义

2.1 工业人工智能的前半生

工业人工智能的提法是在近几年才出现的,工业技术在发展中,以提高效率、降低成本、保证质量为目标,更多强调的是自动化、质量管理等技术,虽然人工智能在发展中的一些特定形态被应用于解决特定工业问题,但系统性的研究和应用一直没能成功进入工业的视野;同时,在人工智能的理论发展中,虽然一些技术与工业有交集,但并没有形成正式的工业智能领域,这方

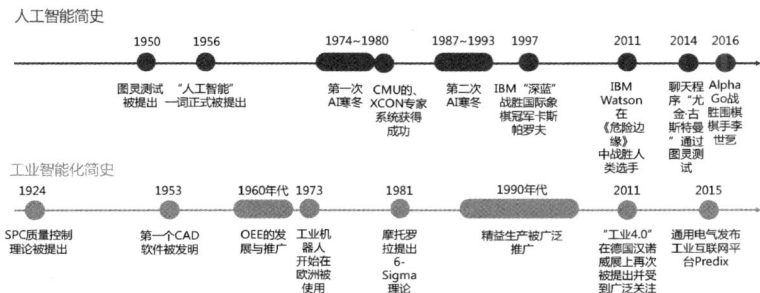

图 2-1 人工智能发展与工业智能化简史的对应

面的"狭义智能"研究仍然处于起步阶段(见图2-1)。

在20世纪50年代,图灵提出检测机器智能的"图灵测试","人工智能"的定义也正式在达特茅斯会议上登上历史舞台,但这时的工业界还没有"智能"的概念。在第二次世界大战结束后的重建时期中,工业得到快速的发展,很多战时的工业管理体系开始民用化,其中SPC质量控制理论就是其中之一。SPC,即"statistical process control"的缩写,其含义是"统计过程控制"。SPC早在20世纪30年代由Shewhart博士提出,是一种利用统计分析对生产过程进行管理的技术。SPC技术能够对生产过程中的关键参数变化的异常趋势提出预警,从而提升产品质量。在"二战"时,美国基于该技术制定了质量管理标准,对保证军工产品的质量和及时交付起到了重要作用。在战后,由于美国经济和制造能力的巨大优势,以过程精细化管理为目的的SPC并没有在美国民用行业中得到很多应用,反而在日本得到广泛的推广和重视,成为日本产品质量与生产效率跃升的重要基石。SPC技术的成功应用,给工业带来的不仅仅是一种新方法,更重要的是一种观念——用数据驱动的方法,管理制造中的不确定性。

在20世纪80年代,六西格玛管理体系由摩托罗拉公司正式提出,并由通用电气公司(GE)的传奇掌门人杰克·韦尔奇推广,成为经久不衰的经典管理方法。六西格玛管理体系建立在统计理论基础上,融合了一系列的管理工具,对产品品质进行管控,降低了生产流程中的变化程度。六西格玛管理理论体系里面的方法论与工具的使用已经相当成熟,甚至形成了六西格玛培训行业。近些年,精益生产与六西格玛管理体系相结合,创造出精益六西格玛的管理方法。精益六西格玛结合了生产流程改善、资源有效性管理,以及质量管控。无论是六西格玛管理体系还是精益六西格玛管理体系,它们均是管理体系,而非智能化系统。它们注重在组织、流程上管理不确定性,其中的核心依然是人。

　　与基于质量控制理论平行发展的是自动化制造技术。在 20 世纪 40 年代至 50 年代间,数控机床被发明并正式开始商业化,对机械加工行业起到了颠覆作用,极大地提升了生产效率与加工精度。20 世纪 70 年代微处理器的发展,进一步降低了数控机床的成本,使得其得到更加广泛的应用。除了数控机床,工业机器人也几乎在同一时段得到发展。1956 年,美国发明家乔治·德沃尔和物理学家约瑟·英格伯格发明了世界上第一台工业机器人 Unimate。数控机床的技术以及集成电路的逐步流行,使得更快更简洁的工业机器人得以被设计与制造,工业制造系统的人力逐步减少,自动化程度越来越高。然而,工业中的自动化与控制科学领域曾经一直自成一体,关心的问题是功能性的,即机器如何替代人去完成某一或一系列特定的动作,而并不关心机器本身是否能够思考,是否有意识,或者其结构是否有"神经网络"等智能化的设计。发展到今天,控制理论有与人工智能相结合的趋势。比如自动驾驶技术,就是融合了人工智能的自动化产品。

"工业人工智能"这一概念被提出的前提,是人工智能技术开始具备了可工程化的条件。如果了解人工智能的发展史,就会发现,主流的人工智能领域一直分为广义人工智能(General AI)与狭义人工智能(Narrow AI)两个领域,而强调机器能力能够与人媲美甚至超越人类的通用人工智能的发展水平,决定了人们对人工智能这一领域技术的关注度,而计算处理单元的成本、传感器的丰富性、耐用性及其成本等硬件基础设施,是人工智能技术能否落地的先决条件。随着工业设备自动化程度的日渐成熟,传感器的大量部署,以及计算能力的提高,工业互联网、工业物联网、工业4.0等概念开始层出不穷,原因是时机已经成熟,无论未来的工业会被称为什么,人们已经做好了拥抱变化的准备。

可是,要想将广义人工智能直接应用于工业领域存在不小的挑战,即机器学习模型无法用专家头脑中的经验与知识来训练自己。同时,纵观工业智能化的发展史,企业使工业系统变得智能只是一种技术手段。即便在今天,提高效率、降低成本、保证质量依然是不变的主题。所以,更接近落地的方法是在工业领域应用狭义人工智能技术解决有确切定义和明确边界的问题,人工智能科学家要结合领域知识,利用设备产生的数据,来训练一个个具备特定功能的工业智能应用,在特定的问题域中实现智能化的目的。

从人工智能技术发展和工业智能化进程两条时间线来看,会发现很多基础技术的发展是类似和重叠的,但是在应用中却并没有太多交叉。例如人工智能应用在管理质量问题上到现在还没有被广泛应用,但是质量问题在 1924 年就被提出来了。精益制造虽然在 20 世纪 90 年代就在工厂中普及实践,但是以数据驱动代替组织驱动的智能精益制造到现在还很少看到。所以人工智能技术在工业中的应用是远滞后于技术发展的。

人工智能技术开始应用到工业智能化进程中能够带来什么改变?控制质量过去使用的是 SPC,是基于有效的测量基础上的,依然是及时发现和解决可见问题。应用人工智能技术后是否可以做到统计过程预测(statistical process prediction,SPP),使那些不可被测量的隐形问题和过程中的异常也可以被及时发现?如果能做到过程中的 SPP,那么质量中的很多问题都会得到解决和避免。在设备管理方面,从基于统计的可靠性导向维护(RCM)到基于预测建模技术的预测性维护(PDM),这是进而实现零宕机(zero-downtime,ZDT)的绝对可靠状态。所以我们说工业智能化正在发生,并不是产生了多少颠覆性的新技术,而是要找到合适的场景和对象去工程化和系统化地整合与优化已经存在的技术。例如在 2018 年的芝加哥国际机床展上 FANUC 推出了 ZDT 的机床控制系统,就是在我们 IMS 中心于 2001 年提出的概念之上整合了 IoT 和预测分析技术。

在图 2-2 中我们总结了工业迈向智能化的 5 个阶段,我们认为这五个阶段是必须要经历的过程,恐怕很难实现跨越某个阶段的成功。

第一阶段:全员生产系统(TPS)的 5S 标准与持续改善(全员实践)
Level 1:5S and Kaizen Model(Hands-on Level)

第二阶段:精益制造系统与"Six-Sigma"体系化管理(以数据为标准的管理体系)
Level 2:Lean Manufacturing Systems and Six-Sigma(Data Level)

第三阶段:数据驱动的预测性建模分析(隐性问题显性化)
Level 3:Predictive Analytics Tools(Insight Level)

第四阶段:以预测为基础的资源有效性运营决策优化(支持决策的知识系统)
Level 4:Decision Making and Optimization Tools(Knowledge Level)

第五阶段:对实体镜像对称建模的"信息-物理"系统(知识的产生、规模化利用和传承)
Level 5:Cyber-Physical Systems(Autonomous Intelligence Level)

图 2-2 工业系统向智能化迈进的五个阶段

第一个阶段是全员实践,最早在日本被提出和推广,其核心内容日文称为"Kaizen",中文称为"改善"。每天做好整理、整顿、清扫、清洁,做整体标准化持续化的改善,主要使用的工具是PDCA 循环(plan, do, check, action)和全员实践的组织文化。第二个阶段是数据化,丰田公司提出的精益制造系统和被美国电气公司发扬光大的六西格玛(6-Sigma)管理体系都是这个阶段的范畴,强调的是如何围绕测量与统计技术构建以数据为标准的管理体系。第三阶段做预测性建模分析,是从 2000 年至今美国在做的转型工作,是解决数据层到信息层再到决策层的闭环问题。第四阶段是自主决策优化的知识系统,知识系统的形式可以有很多,过去主要是专家系统、物理模型、统计模型和指标体系,而现在借助智能算法和大数据可以构建变量更加庞大和关系更加复杂的知识系统。这些知识系统的目的是实现对未来态势和不可测变量的精确预测,进而实现更加优化和及时的决策。在这个阶段我们要做的就是把数据和经验变成可以支持决策的系统,将基于经验的决策转变成为基于事实分析的决策。经验虽然可以传承,但因为难以被确切和完整地表达而难以长久传承。数据更容易传承,因为它更加具象和富有逻辑。第五阶段是工业智能的最高阶段,这个阶段的工业系统可以在感知→分析→预测→决策→执行→反馈的一次次闭环中自主产生新的知识,从而进一步优化知识系统和决策系统,实现知识的产生、利用和传承的自主化。比如现在很热门的无人驾驶,我认为只是做到无人驾驶还不够,人们更需要的是无忧驾驶,就是开车时不用担心前面的路况,不用担心拥堵,不用担心走错路,也不用担心吃罚单和出车祸。假如前方一公里处有坑洼,前方有辆车经过此处,通过定位于后面几公里范围内的车辆建立连接,将这个需要注意的风险提前告知,这样后面的车辆虽然还没有开到这个地方,却已经收到了躲避的提醒,这样的场景称为无忧驾驶。在工业系统中也是一样的道理,如果我们能够从设备自身和其他相似设备的历史数据中建立对标和相关性,就可以主动避开不好的操作,并在好的操作中不断寻找更好的。这是我们所说的数据的价值转换,从性能优化到避免风险和忧虑。

在《工业大数据》这本书里面我们讲了很多,前半部分讲的是从可见的问题入手去解决,比如从生产力开始来找大问题,问题要大到足够让我们去投资收集数据,这是之前我们前半生做的事情。但现在,我们的后半生就不是做这件事了,因为解决问题不是目的,目的是让问题消失,甚至让问题不再出现。这就是所说的从隐性的问题,甚至是客户都没有意识到的问题找出价值,这才是大价值。问题还没有出现,就把它避免掉了。

图 2-3 所示是 2001 年 IMS 中心成立时向美国科学基金会(NSF)提交的规划,我们的想法是怎么把前半生的大问题变成后半生的大价值。我们把传感器的数据和历史数据积累起来,

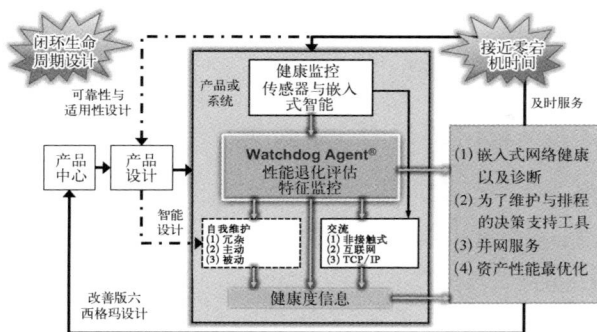

图 2-3 IMS 中心在 2001 年向美国自然科学基金（NSF）递交的未来工业智能系统策划——从解决问题到避免问题

做了细致深入的分析,这才能把工业大数据的精髓发挥出来。因为找出了隐性的问题,即还未发生的问题,去解决甚至避免,并且创造价值,这就是工业大数据的后半生。下一个经济时代的竞争,是在实体经济与基础技术中的竞争,不是我们现在讲的虚拟经济与社交网络。传统的消费互联网和社交场景中的应用是发散的,他们关心谁是客户,该向谁定向推送广告,下一个商业机会在哪里,如何激发一个新的消费需求,这些都是机会导向。富士康科技集团的生产线上积累海量制造过程数据,寻找关键参数变化与产品质量之间的关系,从而加速新产品导入（new product invest, NPI）过程的良率收敛速度和稳定性。通过检测 CNC 机床切削过程的控制参数和主轴负载变化,预测刀具的磨耗程度和剩余寿命,从而避免加工失效和降低刀具成本,这就是"蛋黄"能力的提升。GE 发动机通过远程采集数据调整飞行参数实现省油,每省掉 1%的航油成本,十年下来可以节省数百亿美元。船舶的航行中针对每条船运行时的天气、海浪、风等参数建模,形成船舶姿态、洋流与耗油的关系模型,根据分析的结果来优化航线和速度,能够节省 5%的油耗成本,这就叫制造的"蛋白"价值。用图 2-4 所示的"煎蛋模型"来做个比喻,人工智能应用于工业大数据环境中,要不断把"蛋黄"的核心竞争力做强,同时将"蛋白"的服务价值做大。

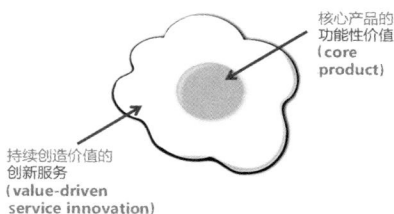

核心产品的功能性价值(core product)

持续创造价值的创新服务(value-driven service innovation)

图 2-4 工业价值的煎蛋模型——产品的功能性价值与服务型价值

随着大数据、人工智能、区块链和 5G 等技术的不断发展,未来会产生大量非常细分的经济领域,更加精准和聚焦服务于每个人的需求,那时会从我们现在的互联网经济之中会诞生无数个细分的互联网,产业互联网再到群体互联网会蓬勃发展,每个人因为其需求和角色的多面性会同时存在于多个群体互联网中,形成一个浩瀚如星际的关系网络。在工业中也是一样,现在我们花很大力气去推动工业互联网和工业云,也遇到了许多的困难,是不是建立聚焦于对象和问题的专有平台更加合适一些? 比如刀具云平台、厂务云平台、机床云平台、钢铁云平台、机器人云平台等,针对工业界中的确切场景提供能够解决问题和创造价值,即服务(value as a service)互联网。

2.2　工业人工智能的价值与目的

关于工业智能系统的定义到底是什么,在学术界和产业界存在许多不同的观点。大家一直试图在技术或者解决方案层面定义什么是工业智能系统,但是却忽略了一个根本性的问题,即工业系统到底需要什么样的智能,有哪些问题和挑战是以往的方法解决不了的,而人工智能又为什么能够解决这些问题。有一句谚语叫作"每一只公鸡都说太阳是它叫醒的",照耀万物才是太阳的目的,但是没有一只公鸡会说万物生长是它的功劳。我想工业人工智能也是一样,它的存在不应该是为了一些数据科学家用来证明人工智能的无所不能,更不是用来颠覆原有的工业系统,而是解决那些工业系统中还没有被充分认知的不可见问题。

工业人工智能并不是通用人工智能技术在工业场景中的简单复用。工业场景中问题的碎片化、个性化和专业化的特点,决定了工业智能落地需要依靠计算机科学、人工智能和领域知识的深度融合。与传统的基于专家规则或机理建模的方式不同，数据驱动的工业智能技术的一大优势是通过基于数据中蕴含的洞察（insight）和依据（evidence）建立预测性分析，建立对不可见问题的管理手段，探索复杂事物之间的关系性，并在这个过程中不断积累新的知识，形成可以持续传承和迭代的智能系统。

　　我在《从大数据到智能制造》一书中曾经利用四象限图分析制造系统中的问题，在四象限图中，问题分为可见的问题和不可见的问题（见图 2－5），我们对待问题的方式既可以是等问题发生后去解决，也可以是在问题发生前去避免。

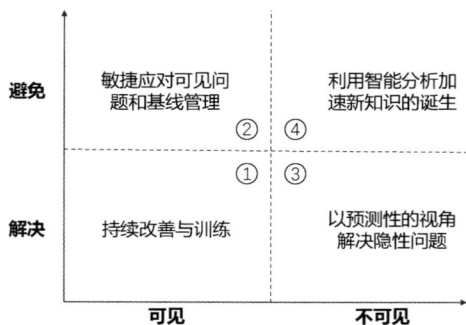

图 2－5　工业系统中可见与不可见的问题

　　在过去半个多世纪中，我们一直在解决和改善工业系统中的可见问题，在这个过程中积累经验和知识，并通过对系统和过程的不断改善来避免可见问题的发生。在从第一个象限到第二个象限跨越的过程中,测试测量、数字化制造、统计科学等技术发挥了巨大的价值。20 世纪 90 年代初的时候吴贤明教授的团队在美国发起和推动了"2 mm"工程,目的是利用统计科学对这些巨大的测量数据进行分析,对质量误差的积累过程进行分析和建模,从而解释误差的来源并进行控制,将车身波动降低使所有关键尺寸质量的 6 - Sigma 波动范围必须小于 2 mm。当时使用的主要技术是误差流分析(stream of variation),在多级制造过程的应用中,通过对复杂产品流所产生的数据流进行建模,分析多级制造过程中的质量波动和误差传递的相关性。工作站组成装配组件,装配组件又组成车身装配过程的装配线,每一个工作站在每个装配组件中有一个尺寸波动,每个装配组件转移到下一个工作站来装配更多的部件时造成的误差传递关系就是需要通过量测数据进行分析的对象。一个工作流所产生的数据流之中包含着三个维度的相关性:① 质量属性与生产线不同阶段的相关性;② 同一个生产阶段中质量属性的相互影响关系;③ 质量属性随时间变化的关系(由设备随时间的衰退产生)。在这三个维度的基础上,建立关键控制特征(key control characteristics,KCC)与关键产品质量特征(key product quality characteristics,KPC)之间的关系,并有针对性地通过控制 KCC 来改进和控制质量的波动。这个方法在现在的制造系统中仍然被广泛使用,是质量控制的标准和经典方法。除了利用数据分析对过程质量进行管控,相似的分析方法还被运用到制造系统的产量均衡、生产排程优化、资源规划和供应链优化等方面。尤其是在数字制造技术开始兴起并被广泛应用后,我们能够测量的工艺参数的数量和实时性都大幅提升,过程异常检测和电子看板等技术使得生产过程中的异常能够被第一时间发现,极大程度地改善了应对问题的敏捷性。同时制造执行系统(MES)的成熟应用使我们能够及时地修正制造参数,使得决策被反馈到执行的速度得到提升。但是也有人将数字化制造系统与智能制造相等同,我认为是不准确的。

运用传统的计量、监测和统计分析等手段,我们只能对已经发生的可见问题进行管理,对不可见的问题依然束手无策,智能制造真正的价值应该是帮助我们去认知、管理和避免这些不可见的问题。

什么是工业系统中不可见的问题?以图 2-6 为例,制造系统工艺流程中的每一道工序会受到人、机(设备)、料(来料和耗材)、法(工艺)、环(环境)等因素的影响,这些因素(x)会在设计值(μ)周围产生波动(σ),这些波动会造成工序中间过程质量(y)的波动,波动累计之后会造成最终产品质量(Y)的波动。在传统的方法中,我们利用 Cpk 管理 y,用误差流分析建立 y 与 Y 之间的关系;但是仍然有许多隐性问题没有办法管理,主要体现在:

（1）过程因素(x)无法被测量和状态的不透明性。主要包括设备的性能衰退、耗材的磨损、工艺参数的偏移和来料的不一致性。

（2）过程因素(x)之间的关系性不明,可能造成所有 x 都在管控范围内但过程质量依然跑偏。

（3）过程因素(x)的波动对中间过程质量(y)影响的关系性无法被精确定量评估。

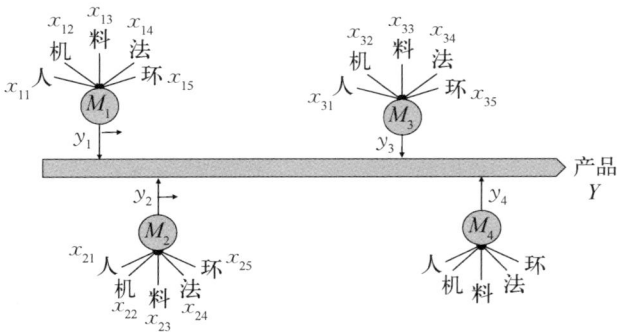

图 2 - 6　制造系统中不可见的问题

工业人工智能的第一个目的是：使工业系统中隐性的问题显性化,进而通过对隐性问题的管理避免问题的发生。

其中的核心技术主要包括：

89

（1）测量原本不可被测量或无法被自动测量的过程因素：设备状态评估与故障预测、机器视觉、模式识别、先进传感等技术。

（2）建立过程因素之间，以及与过程质量之间的关系模型：多变量过程异常检测、虚拟量测（virtual metrology）、深度学习神经网络、关系挖掘等技术。

（3）动态优化最优的过程参数设定，使系统具备自动补偿能力，增强系统的强韧性（resilience）：优化算法、动态误差补偿、智能控制系统等技术。

工业人工智能的第二个目的是：实现知识的积累、传承和规模化应用。

人的知识产生和利用效率已经不能满足生产系统的要求，依靠人的知识和经验去驱动生产系统已经达到了生产力的边界，难以使其以最优的效率运行和协同。受人的经验和知识的限制，以人的决策驱动生产系统有很大一部分的价值并没有被释放出来。这主要体现在对知识获取的速度、能力的深度、应用的规模化三个方面的瓶颈。因此，通过工业人工智能实现对知识的管理需要实现以下两个目标：

（1）提升知识作为核心生产要素的生产力边界，提升知识的产生、利用和传承过程效率和规模，从而获得本质的提升。

（2）重新优化生产组织要素的价值链关系，使得整个产业链中的各个环节围绕最终用户的价值以高效的协同方式为其提供服务。

那么什么是知识？知识又应当如何被建模和管理？

我们认为知识就是工业系统中的对象、环境、与任务的关系和运行方式，是对比较性、相关性和目的性的抽象表达，并可以用"3 个 R"来概括：

（1）来源（Resource）：知识和经验构建的基础来源于一条条从观测到结果、从现象到本质的样本数据，数据来源可以从历史的数据、传感器的数据或是人的经验数据，这些数据都可以用一种逻辑的方式形成一种知识模型。同时，Resource 也是比较性的基础。

（2）关系（Relationship）：基于比较性和相关性的分析，挖掘显性和隐性的关系。例如，半导体的过程监测中有上百个传感器数据，但是从历史报警的信息，可以利用贝叶斯网络建立传感器的关系图谱，最后上百个传感器与 5 个传感器有强相关性，只用这 5 个传感器的组合就可以管理所有传感器数据所代表的状态。又比如，在了解发动机运行过程中气压和空气密度与燃烧温度和转速之间的关系后，GE 的航空发动机通过建模优化能够降低1%的燃油效率。

（3）参考（Reference）：参考性有两个方面，一个是比较的参考，另一个是执行的参考，也分为主动参考和被动参考；同时，参考也是记忆的基础。如果是以结果作为参考，那么目的就是去定义其发生的根本原因；如果是以过程作为参考，那么目的就是去寻找避免问题的途径。古语有云："以铜为鉴，可以正衣冠；以古为鉴，可以知兴替；以人为鉴，可以明得失"，这句话充满了深刻的哲理，也总结了参考性的三个维度，即以传感器（铜）所反映的自身状态为参考，以历史数据中的相关性和因果性为参考，还有以集群中的其他个体作为参考。

工业人工智能可以在以上"3个R"的管理方面能够为我们带来的跨越在于，能够获取和管理更丰富来源的数据，能够对更加复杂的关系进行建模，以及可以提供更广泛维度的参考和比较性。以知识为核心使生产要素发挥最大的能力，归根结底是在精确的状态评估的前提下，对管理和控制活动进行实时的决策优化，并协同和调度相关的活动参与者进行高效率执行的过程。

其中的三个关键词分别是"状态评估""决策优化"和"协同执行"，也是实现上述能力中最大的挑战：

（1）**状态评估**，要了解活动相关的个体和环境的实时状态，其中许多状态是不可测量的,需要利用建模的手段从可测的相关参数中进行预测,更重要的是还要对个体之间的相互影响关系进行精确的评估和预测。

（2）**决策优化**,要在对状态的精确掌握的基础上,对各种可能的决策所带来的影响进行精确的分析推演,并在多目标并存的环境下充分考虑之间的权衡,实现整体目标价值的最大化。

（3）**协同执行**,这个过程则要考虑决策的分发与实施的层级关系、时间尺度和顺序相关性,并且要有一定的容错能力。

知识并不是独立存在的,需要存在于某种"载体"中,且"载体"的类型决定了知识的产生和应用的效率边界。在日本的制造文化中,知识大多是以人的经验和管理制度为载体,通过对人的训练和持续改善的文化进行传承。在德国的制造文化中,知识大多以生产装备和集成制造系统为载体,通过将知识固化成为控制指令和系统组织逻辑来传承。在工业人工智能技术的帮助下,知识可以通过数据和模型进行应用和传承,并通过不断从实体系统运行过程产生的数据中挖掘新的关系和规律来协助人更加快速地获得新的知识。

未来的工业系统将面对更多不确定性和多变的环境与系统（环境的不确定性、自身的不确定性和任务的不确定性）,因此,智能化的工业系统需要具备 4 个基本的概念：

（1）面向环境的智能：感知和预测环境的变化及不确定性。

（2）面向状态的智能：对自身状态的变化和影响性能及风险性的因素进行评估和预测。

（3）面向集群的智能：包括与环境中其他个体之间的配合和协同，以及从其他个体的活动中学习新的知识和经验。

（4）面向任务的智能：从 if-then 到 what-if 的过渡，不仅要完成目标，还要懂得预测和管理所引起的不良结果。

2.3 GE Predix 的得与失

2018 年 8 月，《华尔街日报》报道美国通用电气公司（GE）正着手准备将包括 Predix 在内的 GE Digital 核心资产出售。消息一出，不少业内外人士叹息道，GE 的工业互联网大潮最终还是退去。其实 GE 与 Predix "分手" 的征兆在一年前就开始出现。那时，虽然 GE 仍在持续大力投入 Predix 等相关数字化业务的技术研发，但是营收却迟迟不尽如人意。官方数据显示，截至 2017 年，GE Digital 一直处于亏损状态，商业价值并没有实现预期的爆发性增长。

当然,GE Predix 这一案例需要辩证地来看待,它的困境是企业运营、市场拓展、技术落地等多方面原因导致的结果,并不能一概而论。从 GE 最初对工业互联网的规划来看,方向应该是很有前景的。从设备中获得关键数据,在边缘端进行分析产生洞察,利用云平台中的大数据分析和智能算法建立知识决策系统,将信息与决策在所有参与者中进行协同,最终实时闭环到运营和控制过程中。这的确是智能工业系统应该的样子,但是要想把能源、石油钻井、航空航天等各个大工业个性化的业务需求与一个平台化的解决方案整合、落地并且实现规模化服务并不实际。除了商业层面的阻力之外,在技术落地层面也会遇到巨大挑战,因为工业中虽然遇到的技术问题类似,但是客户的需求非常依赖个性化的使用场景,共性很难提炼,往往不是机器互联、数据上云就能解决的。因此,要想真正实现工业互联网的价值,就更需要"想明白、做扎实",做的事情是要能帮助客户提升内在的核心制造能力,同时步子不能迈太大。

反观国内,目前一些企业智能制造的发展思路也出现了类似的误区。在国家政策的推动下,一些企业大刀阔斧地投入资金进行工厂的"智能化"改造:建设工业互联网、物联网平台,所有的数据全部上云;与此同时,开展"机器换人",建设自动化产线等。在这场"运动式"的改造升级中,大家的意识和行动都非常领先,但是却往往忽略了自己实际的需求和核心能力建设,就像是吃一次典型的自助餐一样,什么美味佳肴都要取到自己盘中,但可能并不是自己身体此刻最需要的营养。

错把技术手段当成目标,这就是我认为的目前中国在实践智能制造时主要的问题,也是互联网、大数据、人工智能等技术在落地工业时必须要避免的误区。

通过对图 2-7 所示的可见和不可见的四象限图对目前工业互联网的现状和缺口进行分析,当前几乎所有工业互联网平台都把重心放在了解决可见问题的通用性技术上,强调平台的工具和技术指标,却忽略了问题本身。目前我们至少还有三个缺口需要填补,首先是要能解决工业场景中可见的核心痛点问题,也就是企业已经饱受其扰却无法解决的问题;其次是解决了可见的核心痛点后,再从企业的历史数据中寻找没有被发现的问题和潜力,通过使隐性问题显性化和产生新的洞察持续优化制造系统"六流"(人员流、物料流、过程流、技术流、资金流和数据流)中的机会空间。

另外需要深思的一个现象是,到 2018 年,中国的工业互联网平台已经达到 200 多个,我们是不是需要那么多的平台? 这些平台的差异性和竞争优势在哪里? 如果从技术维度来看待,我们其实只需要一个平台就够了,就是真正开放的平台(open

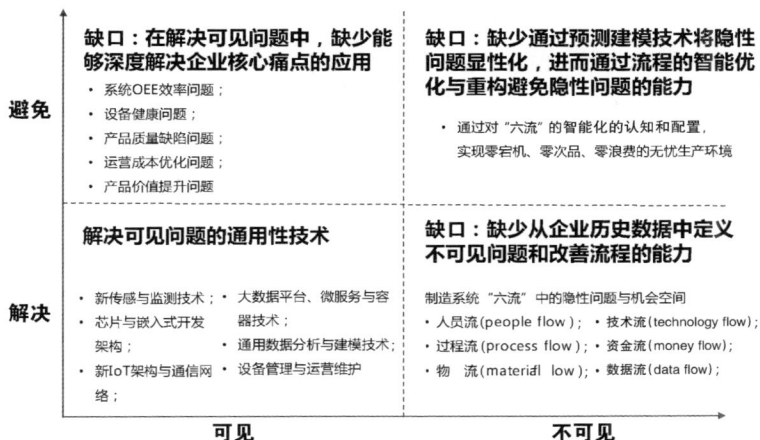

| | 缺口：在解决可见问题中，缺少能够深度解决企业核心痛点的应用 | 缺口：缺少通过预测建模技术将隐性问题显性化，进而通过流程的智能优化与重构避免隐性问题的能力 |

缺口：在解决可见问题中，缺少能够深度解决企业核心痛点的应用
- 系统OEE效率问题；
- 设备健康问题；
- 产品质量缺陷问题；
- 运营成本优化问题；
- 产品价值提升问题

缺口：缺少通过预测建模技术将隐性问题显性化，进而通过流程的智能优化与重构避免隐性问题的能力
- 通过对"六流"的智能化的认知和配置，实现零宕机、零次品、零浪费的无忧生产环境

解决可见问题的通用性技术
- 新传感与监测技术；
- 芯片与嵌入式开发架构；
- 新IoT架构与通信网络；
- 大数据平台、微服务与容器技术；
- 通用数据分析与建模技术；
- 设备管理与运营维护

缺口：缺少从企业历史数据中定义不可见问题和改善流程的能力
制造系统"六流"中的隐性问题和机会空间
- 人员流（people flow）；
- 技术流（technology flow）；
- 过程流（process flow）；
- 资金流（money flow）；
- 物　流（material flow）；
- 数据流（data flow）；

避免 / 解决 — 可见 / 不可见

图 2-7　**Predix** 面临的挑战：以可见的技术问题为目标，缺少在不可见空间内发现问题、解决问题和获取价值的能力

platform）。另一个误区是错把"阳台"当作了"平台"，阳台是给自己用的，平台是给公众用的，阳台只能解决自己的问题，而平台要解决大家的问题。好的平台是卖解决问题的方便性和价值的确定性，而在平台上卖工具并不应该被当作目的。

平台应该以问题为基础，以客户为中心，以数据为支撑，以工具为手段，以价值为目的。

平台应该是一个以问题为聚焦的地方，解决问题才是平台的目的，就好像打开外卖 App 是解决饿了的问题，打开叫车

App 是解决出行的问题。因此从解决问题的维度来看,200 个平台好像还不够,现在中国有几百个工业互联网平台,那么解决质量问题的平台在哪? 解决能效和设备健康问题的平台又是哪个?

GE 最大的问题就是把工具当作了目的,或者说是错把手段当作了目的,而客户的问题并没有解决,也就没有产生价值。反观国内的云平台,也是同样的问题。机器上了云,但是质量和停机的问题依然还存在,同样也是没有价值的。但是如果把问题数据上云,或者说把一个诊断和解决问题的过程上云,让所有相似的设备都能够作为参考,进而解决自己的能效和健康问题,这就有意义了。

在国内我们还观察到另外一个误区,就是大家都把精力放在"定义"上,而非"意义"上。目前国内很多专家在咬文嚼字,争夺对概念的定义权,而不是去思考技术的意义和解决问题的价值。

现阶段,工业和制造企业向智能化转型的痛点并非在可见的通用性技术,因为自动化、信息化、IT 平台、大数据等技术已经比较成熟,当这些解决可见问题的技术都已不再是难题的时候,最主要的痛点就变成如何去解决和避免不可见问题。这些"不可见"的问题包括设备性能的衰退、精度的缺失、易耗件的磨损和资源的浪费等。可见的问题往往就是这些不可见因素积累到一定程度所引起的,比如设备的衰退最终导致停机,精度的缺失最终导致产品质量偏差等。就如同冰山一样,可见的问题仅仅是浮在海面上的一角,而隐性的问题才是隐藏在海面之下的恶魔。工业大数据、人工智能技术在这其中的作用就是要通过预测生产系统中的不可见特性,对不可见问题获得深刻的洞察,实现无忧制造。

沿着这个思路,在图 2-8 中我们可以将工业智能转型的机会空间进一步分为 4 个部分:

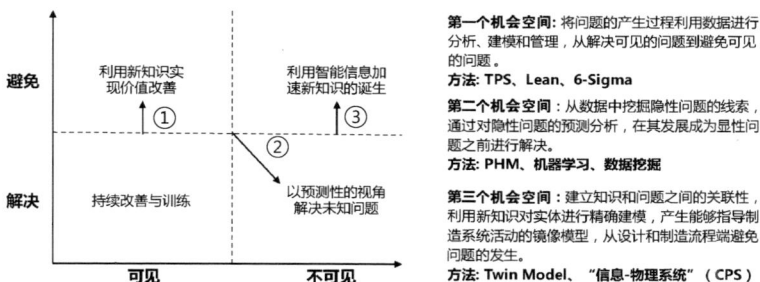

图 2-8　工业智能化转型的机会空间与路径

第一个机会空间来自解决生产系统中的可见问题,这个空间内依然有中国制造需要补的课,比如产品交付周期长、环境污染超标和资源浪费等问题;针对这一机会空间,需要的是生产系统持续的精益改善与不断完善的标准化制造体系。

第二个空间在于避免可见的问题,即使用数据来挖掘新的知识,以找到更深层次问题的原因,对原有生产系统和产品做加值改善。例如一个工厂可以基于六西格玛(6-Sigma)的诊断工具,对厂内全年的设备故障进行根本原因分析,找到最频发的故障及最大影响因素,并建立相应的预测模型进行提前干预。

第三个空间来自隐形问题显性化,即利用创新的方法与技术发现解决原本不可见的问题,提升当前制造系统的理论极限。这需要的是更加深入的数据隐性线索(evidence)、关联性和因果性的挖掘,并通过这些关系的建立将原来不可见的过程进一步量化。比如前文提到的过程参数与质量的关系,即是通过对工艺参数、运行环境和设备状态的综合建模分析实现质量的预测性管理。

第四个空间在于寻找和满足不可见的价值缺口,避免不可见因素的影响。这部分机会需要利用大数据分析扩大关系建立的尺度来创造"更高维度"的知识,并且通过这些知识实现制造系统产业链的闭环整合,在系统的上游和设计端进行优化从而避免不可见问题的发生。比如,现在我们可以通过工业智能技术做到一台风机的健康衰退评估,未来我们可以将在这过程中产生的知识与风机的结构设计和控制逻辑相关联,将智能模型内置(design-in)在风机甚至场群的控制逻辑中,使风机能在不同的健康模式下都能采用最佳的控制参数、稳定在最佳性能。在我看来,到这个程度才算是实现了工业智能。

在当前这个阶段,绝大多数制造企业关注的是第一和第二空间的改善机会。不过,工业智能技术更应该应用于解决和避免不可见的问题,即第三和第四空间的机会,只有这样才能实现制造系统生产效率和产品竞争力的突破,实现工业系统向智能化转型。

2.4　工业人工智能的技术要素:DT,AT,PT,OT,HT

目前国内大中小型企业皆尚处于工业人工智能的起步阶段,必须明确其结构、方法和挑战以作为在工业实施中的框架。图2-9是我主持的美国国科会产学合作中心-工业人工智能中心(Industrial AI Center-IAI Center)的系统框架,将具有快速性(Speed)、系统性(Systematic)以及可传承性(Sustainable)的人工智能应用于工业领域。此系统涵盖工业人工智能领域的基本要素,并为使该生态系统能有更好的理解和实施提供了指导方针。

工业人工智能系统需要考虑到的需求、挑战、技术和方法的有序思维策略。这个生态系统划分出各工业制造场景范畴,如嵌入式人工智能设备、柔性制造系统、无忧运输、预测能量系统,

工业人工智能系统（Industrial AI System）

工业人工智能的核心竞争力有：(场景、设施、机群和工厂，4F)& 工业大数据 & 专业领域知识

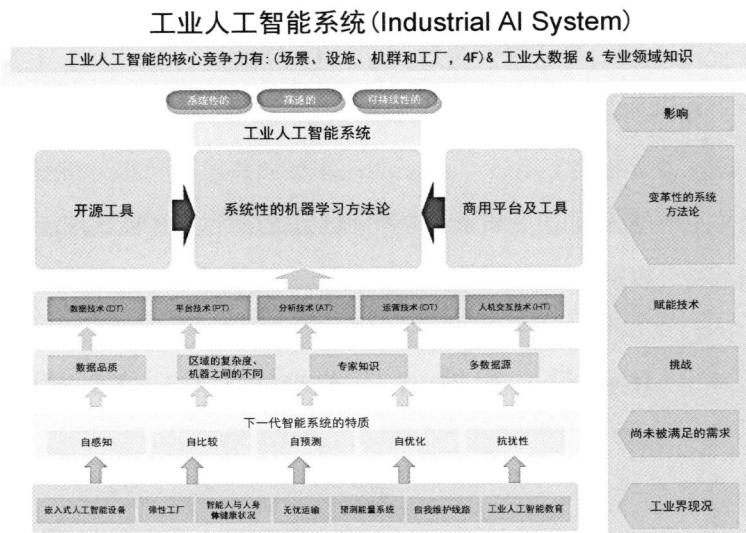

图 2-9　工业人工智能系统的框架与技术要素

也提出了在这些场景中常见但未被满足的需求，如自感知（Self-Aware）、自比较（Self-Compare）、自预测（Self-Predict）、自优化（Self-Optimize）及抗扰性（Resilience）。其中，抗扰性指的是系统在发生设备故障或出错时是否能够削减或吸收干扰事件影响，并迅速恢复正常的工作状态。也就是系统发生严重干扰时的承受能力。举例来说，若预先设定系统的冗余性（Redundancy）与灵活性（Flexibility），能够使系统在严重干扰事件发生时可通过工作任务重新排期、调配等方法使系统快速恢

复正常运作。除此之外,在此生态系统中也提及了要满足以上需求时会遇到的挑战,如多数据源、专家知识、因不同机器的差异造成的区域复杂度以及数据质量问题,避免质量低劣的数据或不足的专家知识影响模型。因此,此工业人工智能系统框架运用了数据技术(DT)、分析技术(AT)、平台技术(PT)、运营技术(OT)和人机交互技术(HT)来解决上述挑战,下面将简单描述这 5 项技术要素:

(1)数据技术(data technology,DT):DT 要解决的是工业数据中的 3B 问题:数据碎片化(Broken)、数据质量差(Bad)、数据背景性强(Background),对应信息物理系统(Cyber-physical system,CPS)架构中的智能感知层(connection)。除了实现异源数据的统一采集之外,还需要做到对有效数据的自动提炼,提升建模数据采集的标准化程度。另外,在对数据进行管理时,还需注重解决数据语境的同步问题(data synchronization)。例如,在一条流程性制造产线中,末端产品质量的数据需要能够与这个产品在上游工序加工时的设备参数对应起来,所以必须强化数据的全面性和代表性。

(2)分析技术(analytic technology,AT):AT 对应的是 CPS 架构中的智能分析层(conversion),包括在边缘(雾)端的管线式(pipeline)分析和云端的高阶分析。边缘(雾)端虽然贴近工业现场、分析的实时性高,但是对数据处理能力和存储能力有限,难以实现集中式的模型训练和预测。因此,针对边缘计算的特点,需探索流式推理技术的突破,使用小数据量的实时数据流迭代式地提炼数据中的关联性,做到模型的自优化。从另外一种思维突破来说,也开始有将高速运算电脑运用于边缘(雾)端的趋势,后面章节会再介绍。另一方面,对于云端分析来说,跨场域、跨系统的数据融合分析,需建立预测结果的不确定性管理体系,做到对预测偏差的控制和解释。同时,针对工业小样本数据的特点,需要探索新的建模分析方法,例如半监督学习、基于时间切片(time-machine)的状态建模、基于集群对标的建模学习(peer-to-peer learning)、自适应学习(adaptive learning)、迁移学习(transfer learning)等。

(3)平台技术(platform technology,PT):PT 支撑的是 CPS 架构中从智能感知层(connection)、智能分析层(conversion)到网络层(cyber)的功能。同样的,针对边缘(雾)端计算平台,一方面需要通过硬件技术的突破来提升信号采集和计算能力;另一方面也需要拓展边缘(雾)端平台的协同控制能力,支撑设备集群和生产线的自组织(self-organize)和自配置(self-configure)。另外,随着边缘(雾)端与云端的广泛互联,其网络安全性愈发重要,尤其是在雾端平台的反馈控制实现后,需要通过硬件架构和相应的软件机制确保被接入制造系统的安全。对于云端平台，则需注重搭建模型全生命周期管理的组件，辅助模型的不确定性管理和工业智能的持续自学习。

（4）运营技术（operation technology，OT）：OT 优化通过 CPS 架构中的智能决策（cognition）层实现，在于运营管理方法的升级，如何将预测模型得到的知识切实转化为运维、管理决策，实现从经验驱动生产向数据驱动生产的转变。

（5）人机交互技术（human-machine technology，HT）：HT 对应的是 CPS 架构中的智能配置层（configuration）。工业智能将在很大程度上影响制造系统与人的交互方式。可以预想的是，未来的工厂中每时每刻处理的信息量会大大增加，如何帮助生产者通过最直觉且无缝的方式获得最有效、最相关的信息会成为一大挑战。因此，需要结合创新技术对工业场景的人机交互模式进行深入探索。例如，智能助手（IA）在工厂能源调度时对各工站人员的智能提醒，虚拟现实/增强现实（VR/AR）在设备远程诊断中的辅助等。HT 将帮助工业智能技术更好融入生产，更大程度对生产者赋能。

需要强调的是，这些技术要素不会是孤立的存在，而是需要整合为一个系统才能发挥各自的真正作用。CPS 的 5C 架构就是能将上述 5T 整合的核心功能框架。这也意味着未来工业智能技术的研发道路仍然会是一个跨学科、需要多方领域知识结合、并且不断在具体实践中检验的过程。工业人工智能的这五大核心技术中,能够与业务价值深度融合的分析技术是目前最缺乏的,是工业智能化的灵魂。而数据技术和平台技术是工业智能化落地的必要条件,是智能化的载体,因为高效的数据连接和成熟的平台技术是智能系统部署和落地的前提,是工业人工智能技术体系中不可分割的一环。最后,运营技术是价值创造的关键,运营技术以智能分析技术的结果为依据,通过优化计算为用户提供决策建议和行为推荐,因而也是人工智能体系中的重要组成部分。

根据上述 5T 的概念,每家公司依据不同场景,会有着不同的特性与发展。富士康科技集团拥有全球最大的电子产品代工制造厂,集团内有超过 6 万台工业机器人,1 800 条以上 SMT 生产线,17 万台 CNC 及模具加工设备,以及 5 000 种以上测试设备,因此,作为工业人工智能构架的实施案例,富士康科技集团无疑具有非常大竞争力优势的就是工厂、制造场景、设备维护、机群、设施、巨量的工业数据的相关领域专长与经验。待集团内设备全部联网,可以做到智能感知、智能分析、智能网络,达到提质、增效、降本、减存之目标价值。

富士康科技集团利用 Fii Cloud 云平台上的工具实现基于类

似性学习(similarity-based learning)、模拟学习(simulation-based learning)、基于集群对标的建模学习(peer-to-peer based learning)、关系学习(relationship-based learning)及深度学习(deep learning)等系统化机器学习方法论,将搜集的数据透过系统化机器学习方法论训练出人工智能模型,最后将模型部署至由富士康科技集团研发之 Fii Cloud®、CorePro®、Nadder® 等工业互联网络产品所组成的富士康云平台,借此将工业人工智能生态系统落地。目前已于集团内大量使用自行研发的富士康云平台,透过 CorePro 支持基于工业标准协议串口、文档、软件界面参数的采集、解析与存储,负责各种智能网关数据采集与存储;再利用 Fii Cloud 平台打造跨边缘层、核心层、IaaS 层、PaaS 层和 SaaS 层的应用体系,连通设备层、车间层、企业层,智能辅助生产者、管理者和决策者。

　　然而,为使持续流通的数据经由分类、分析,进而做到认知改善,让感知数据与场景达到无缝隙的结合,在此结合使用 DT 和 AT 技术,富士康科技集团提出了一个在云计算"云大脑"概念基础上进一步延伸出的新概念"雾小脑®"。如图 2-10 所示,雾小脑®技术利用服务器等级高效运算电脑和软件的整合分析,以传感器为五官灵敏收集各方数据,在数据建立模型之后,真正做到实时预测和监控,全程精准管控生产流程,相对于一般控制器,其水准更高,稳定性更强,精准性更强,响应速度更快,让设备间的运作状况、异常报警、沟通协作能得到及时快速的监督及处理。在后面章节也会介绍富士康科技集团运用工业人能智能系统架构针对 Nozzle 吸嘴与刀具的寿命预测的详细解说,此概念也提升了厂内的效益及降低库存成本。

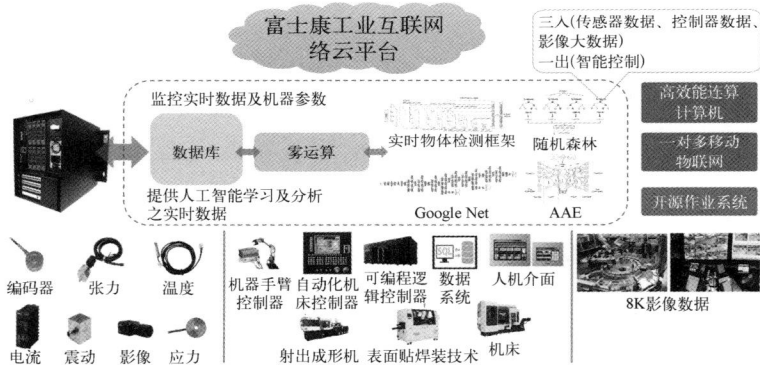

图 2-10 富士康科技集团应用雾小脑®于工业互联网络云平台

2.5 CPS:将工业智能的 5T 技术要素整合的系统工程架构

在上一个章节中我们介绍了工业智能系统包含的技术支撑要素,虽然技术要素的种类繁多,似乎难以进行技术选型和整合,但这些技术要素并不是没有关联而孤立的存在。我们需要将这些技术整合为一个系统充分发挥各自作用的系统架构。而信息-物理系统(cyber-physical system, CPS)的 5C 架构就是能将上述 5T 技术要素进行整合的核心框架。

在工业生产的过程中会产生大量的数据,而工业智能的本质就是通过大数据、人工智能等技术手段实现生产数据中逻辑关系和知识的实时提取,并形成决策和行动,实现从解决可见问题到避免不可见问题的转变和制造知识的传承。例如,对于一台加工模具的机床,工人在操控,刀具在切割,设备在产生大量的振动和电流信号。什么算是智能的生产呢? 就是刀具在切的过程中,可以稳定在最佳的速度、角度,不产生共振和颤振,而且适合这种材料的加工特点,保证最后的产品质量。刀具切了一段时间,磨损了怎么办呢? 机床就要能自己发现,甚至在断裂前自动停机,提醒旁边的工人更换,既不造成刀具的浪费,又能确保加工符合要求。工厂运营了一段时间,突然人事变动,操作工换人了,新来的人怎么学习这个机床的参数? 这个时候机床就可以显示出之前的老师傅是怎么加工,在不同的情况下要怎么做,这样新来的操作工就能驾轻就熟操作系统,避免很多不必要的错误。到这个程度,这个场景就算是基本做到了智能化。

不难发现,在这个过程中,智能化并不是只有大量的数据或是只做到了自动化控制就能实现的,而是要搭建一个可以从数据到知识再到执行的闭环系统。在《CPS:新一代工业智能》这本书中,我提出了 CPS 的 5C 架构作为实现这个闭环过程的功能框架(见图 2-11)。5C 分别代表 Connection(智能感知层)、Conversion(智能分析层)、Cyber(网络层)、Cognition(智能认知层)、Configuration(智能决策与执行层),具体含义如下:

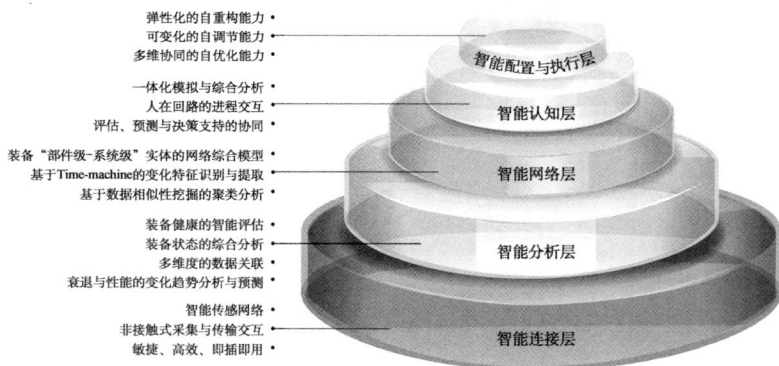

- 弹性化的自重构能力
- 可变化的自调节能力
- 多维协同的自优化能力

智能配置与执行层

- 一体化模拟与综合分析
- 人在回路的进程交互
- 评估、预测与决策支持的协同

智能认知层

- 装备"部件级-系统级"实体的网络综合模型
- 基于 Time-machine 的变化特征识别与提取
- 基于数据相似性挖掘的聚类分析

智能网络层

- 装备健康的智能评估
- 装备状态的综合分析
- 多维度的数据关联
- 衰退与性能的变化趋势分析与预测

智能分析层

- 智能传感网络
- 非接触式采集与传输交互
- 敏捷、高效、即插即用

智能连接层

图 2-11 CPS 的 5C 技术体系架构

(1)智能感知层(Connection):从信息来源、采集方式和管理方式上保证了数据的质量和全面性,建立支持 CPS 上层建筑的数据环境基础。除了建立互联的环境和数据采集的通道,智能感知的另一核心在于按照活动目标和信息分析的需求自主地进行选择性和有所侧重的数据采集。

（2）智能分析层（Conversion）：将低价值密度的数据转化为高价值密度的信息，可以对数据进行特征提取、筛选、分类和优先级排列，保证了数据的可解读性，包括对数据的分割、分解、分类和分析。

（3）网络层（Cyber）：重点在于网络环境中信息的融合和赛博空间的建模，将机理、环境与群体有机结合，构建能够指导实体空间的建模分析环境，包括精确同步、关联建模、变化记录、分析预测等。

（4）智能认知层（Cognition）：在复杂环境与多维度参考条件下面向动态目标，根据不同的评估需求进行多元化数据的动态关联、评估、预测，实现对实体系统运行规律的认知，以及物、环境、活动三者之间的关联、影响分析与趋势判断，形成"自主认知"的能力。同时结合数据可视化工具和决策优化算法工具为用户提供面向其活动目标的决策支持。

（5）智能执行层（Configuration）：根据活动目标和认知层中分析结果的参考，对运行决策进行优化，并将优化结果同步到系统的执行机构，以保障信息利用的时效性和系统运行的协同性。

CPS 之所以可以提升制造的核心能力，恰恰是因为它将信息世界的巨大计算力和物理世界的制造能力有机整合为一个整体,突破了传统生产系统在时间和空间上的限制,极大地发挥了生产系统的潜力。因此,如果从 CPS 的 5C 架构的这一视角来重新思考工业互联网、人工智能等技术就会发现,智能制造并不能单纯地等同于实现了生产过程监控的透明化或是在什么地方应用了深度学习,这些都顶多可以作为 CPS 系统中的一个组件。要想在工业场景中真正落地这些智能技术就需要系统化、结构化地建立信息世界和物理世界的纽带,找到对问题解决最重要的影响参数而不是盲目地积累数据,最终形成闭环优化。万万不可只见树木,不见森林。

2.6 工业人工智能的算法分类及选择方法

从功能性上,根据数据训练时是否已知数据的标签,可将人工智能算法分为有监督学习和无监督学习。如图 2 - 12 所示,有监督学习指在模型训练过程中输入的数据包含输入对象(通常是一组特征向量)及其期望值(离散的或连续的值)。根据训练,有监督学习旨在生成输入特征向量和期望值之间的关系并产生一个具有推断预测功能的数学模型,用于映射新的输入对象。在训练过程中,根据期望值的连续性又可将有监督学习分为回归与分类。回归算法中训练数据的标签为连续数值,而训练好的模型可根据新的输入对象推测出相应的期望值。分类算法中训练数据的标签为离散值,训练好的模型可将无标签的新的输入对象分成相应的类别。与有监督学习相对,无监督学习中训练数据并不包含标签。学习的过程并非寻找输入对象和期望标签的关系,而是对输入对象中的模式进行识别。典型的无监督学习包括聚类算法和统计估计。聚类算法目的在于将相似的输入对象聚在一起形成显著的类别;而统计估计算法利用概率及统计的原理将输入对象描述成含特定参数的分布函数或者估计输入数据之间的时间序列的关联性。下文中,我们将针对每一类人工智能算法介绍几种典型的学习模型以及它们在工业

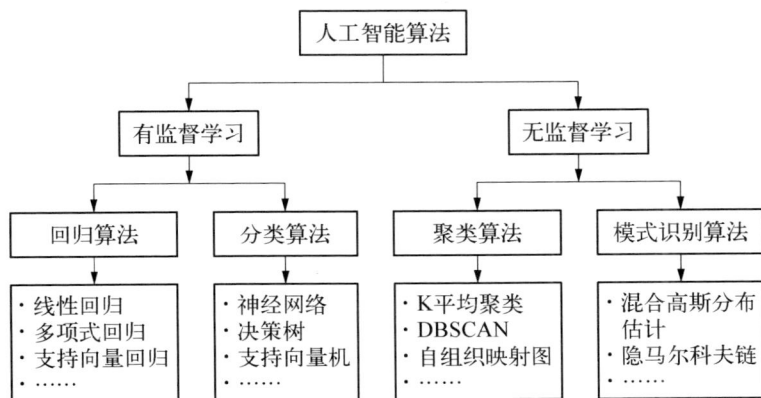

图 2-12　人工智能算法分类

数据分析中的应用。

回归算法

在回归算法中,我们利用训练数据集中的输入特征向量 $\vec{x}$ 和标签值 y 建立一个估计函数使得 $y = f(x)$ 或 $y \approx f(x)$。当这样的估计函数或模型建立起来后,我们就可以对新的输入特征向量 $\vec{x}$ 估算其期望值 $\vec{y}$。在工业应用场景中该类算法常用来进行虚拟量测或系统健康评估。虚拟量测指在生产线上产品的质量或生产流程的稳定性可由生产过程中采集的数据进行估算而不需要额外的量测或检测过程。对系统的健康状况的评估常利用系统在健康状况下的输入和输出建立关联模型,监测时通过对比测量获得的系统输出和模型估算的系统输出来实现。在工业领域中常用的回归算法主要有线性回归、多项式回归,支持向量回归等算法。

分类算法

与回归算法类似,分类算法同样希望获得一个估算函数 $f(\cdot)$,但此时估算的结果并不是一个连续的数值而是离散值。可能的离散值组成了一个集合,其中每一个元素即为可能的类别。分类算法的任务就是构造这样的分类器 $f(\cdot)$ 使得对于输入特征向量有且只有一个类别与其相对应。在工业数据分析中,分类算法常用来实现故障诊断或故障原因追溯。分类模型利用历史数据中的含故障数据和对应的故障标签建立。在对新采集的数据进行分析过程中,分类模型会估计可能的故障模式或产生某类故障的重要的因素。工业应用中常用的分类算法主要有支持向量机、神经网络和决策树等。

聚类算法

聚类算法以相似性为基础对输入特征向量进行无监督的分类,使得聚集成的类内相似性大于类间的相似性。由于聚类过程中并没有输入数据的标签信息,整个聚类过程只是对数据集的估算和模式识别。聚类的结果往往需要借助专家经验才能解释每个类的特性。在工业场景下,聚类算法主要用于识别数据中不同的工况和对系统进行健康评估。当系统的工况条件较复杂时,在分析数据之前需要将这些不同的工况信息识别出来以便于针对不同的工况建立相应的分析方法。同时,在历史故障数据标签缺失的情况下可以先对系统健康状况下的数据进行聚类分析识别其中的模式。系统的健康状况可由新采集的数据与识别出的健康模式进行比较获得。常用的聚类算法主要包括 K 平均聚类、DBSCAN 和自组织映射图。

统计估计算法

统计估计是另一种典型的无监督模式识别算法。其利用统计学和概率论原理识别输入数据集的潜在的统计分布形式进行估算。数据集可表示成一个或多个分布函数的组合;数据每一个输入特征向量之间的时间序列上的相互关联性同样可以用概率和状态转换函数表示。统计估计可用来表示系统当前的状态或者系统整个的衰退过程,并能刻画数据在不同故障类型及故障程度下的分布形态。基于估算的数据分布形态,用户一方面可以加深对数据本身的理解和认知,并能对设备的运行的风险程度进行量化评估。常用的统计估计算法主要有隐马尔可夫链和混合高斯分布估计。

2.7　工业人工智能算法的选择与使用

虽然工业人工智能算法和人工智能算法相比并没有本质上的变化,但因其特殊的应用场景,我们在使用这些算法时仍然存在困难。对于工业数据并没有通用的算法可以直接应用,不同的方法需要针对不同的应用场景才可以被正确地应用。本节在上一节算法介绍的基础上根据具体的工业应用给出算法选择的指导。

在选择算法过程中,我们首先考虑以下因素:数据来源、工况、集群特性、故障历史模式以及专家经验。如表 2 - 1 所示,我们针对以上因素的丰富程度给出相应的算法选择策略。

表 2－1 根据工业应用选择合适的算法

	丰 富 程 度	
	低	高
数据来源	借力学习	深度学习
工 况	通用人工智能算法	聚类算法,固定工况特征测试
集群特性	通用人工智能算法	相似性学习,广度学习
故障模式历史	非监督/半监督学习	有监督学习
专家经验	深度学习,集成学习	模糊逻辑

当数据来源不足,比如只有低采样频率的控制器信号可以获得的时候,我们可以采用借力学习,即利用加装的第三方数据采集及分析设备获得更多更丰富的信号并进行针对性分析。当数据来源很充足的情况下,我们可以考虑利用深度学习全面挖掘数据中的隐含信息。

针对工况来说,当系统的运行工况比较复杂,例如,数控机床的加工工序多样,或供热通风与空气调节系统的加热与制冷持续交替时,我们在选择算法上优先考虑聚类算法对工况进行聚类并针对每一种工况条件进行分析;或者我们可以采用固定工况特征测试(FCFT)的方法,让系统定周期重复在固定工况下运行并采集相应的数据,并根据数据估算系统的性能以及衰退情况。

另外一个方面是集群特性,如果分析的对象处于一个集群中,同时有多台相同或相似的设备也处于监测状态下,那么我们可以考虑应用相似性学习或者广度学习的方法,分析该设备和其近邻设备的关系或利用近邻设备的信息估算该设备的状态。此外,当系统的历史数据中含有大量故障模式信息和相应的数据,我们可以采用有监督学习的算法,用历史数据中的健康和故障数据建立模型并对当前采集的信号进行分析。

当系统的历史数据包含较少故障模式信息时,我们多采用非监督或半监督学习的方法,只针对健康数据建模,在监测过程中根据需要丰富模型。

专家经验也是需要考虑的因素。对系统的认知程度的多少常常能帮助我们更好地了解数据或制定针对性的数据采集方案。

当对系统的运行状态、常见故障模式以及发生的机理足够了解,我们常采用模糊逻辑一类的人工智能算法将专家经验引入分析模型。当监测对象的专家经验较缺乏的时候,需要考虑利用深度学习算法从原始数据入手进行分析,借助算法理解数据中的模式。同时,我们常采用集成学习的方法,同时训练多个人工智能模型,结合各个模型的结果给出综合性的判断和评估。

在确定算法的大致类别后，在选择此类特定的算法方面则有更深层次的考量。如图 2 - 13 所示，将所分析对象和数据根据系统的复杂度和不确定性两个纬度分成四个区域，标记为 A、B、C、D。在 A 区域，系统的复杂程度和不确定性都比较低，例如，单台

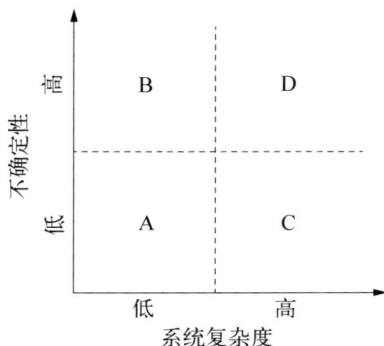

图 2 - 13　复杂度与不确定性四象限图

数控机床只用同样的主轴转速生产单一的产品，则只需考虑一般性人工智能算法对数据分析就可获得良好的结果。在 B 区域，系统的复杂度不高，但是其不确定性较高，即在监控过程中数据易受噪声或环境因素的影响。选择的算法需要考虑这些影响因素，如有必要，还可对不确定性进行估计使分析模型能够针对不确定性进行自适应。在 C 区域，系统运行中受到的不确定干扰较小，但其复杂度较高，常表现为复杂工况条件，例如带锯机床切割不同材料、不同形状的工件，锯带品牌也不一致等。所选择的算法必须具有较高的鲁棒性和自学习性，使其能适应不同的工况条件。在 D 区域，系统的复杂度和不确定性都较高，此时针对系统数据的建模较为困难，则可对其进行概率估计，例如采用朴素贝叶斯算法，

或引入专家经验建立关系模型,例如模糊逻辑,从而利用数据对系统状态和行为进行描述。

除考虑系统复杂度和不确定性外,在选取算法时还应考虑算法的计算速度和最终结果的准确性要求。这两个纬度在实际工程应用中也是重要的因素,不论在 A、B、C 还是 D 区域都需要考虑。因此,在明确几个备选算法范围后,可进一步缩小考虑的范围。如图 2-14 所示,根据结果准确性和计算速度的设计要求,同样分成四个区域:a、b、c、d。在 a 区域,结果准确性要求和计算速度要求都不高,则对算法并没有进一步的要求。在 b 区域,结果准确性要求不高但是对计算速度要求较高,此区域通常发生在对分析结果有实时显示的应用场景中,例如,半导体加工中需要对每一个晶圆的加工结果进行评估以便实时调整参数。此时,一些在模型训练中能够快速收敛的、对特征矩阵准度不敏感的算法可以选择,例如,线性回归、逻辑回归、支持向量机等。在 c 区域,结果的准确性要求较高但对计算速度要求较低,大部分应

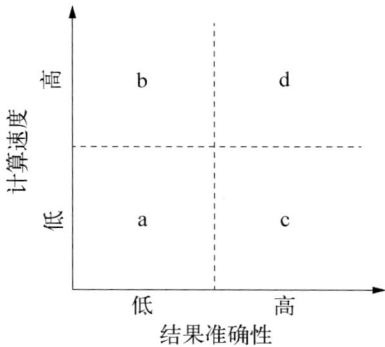

图 2-14　准确性与计算速度
四象限图

用场景可归为此区域,我们希望以报告的形式获知系统的运行表现及健康信息,并且对结果的准确程度有较高要求。此时,可选择深度学习或者集成学习的算法,尽可能地利用数据里的每一个有效模式和各个模型自身的优势,以牺牲运算速度获取最大化的算法模型表现。区域 d 表示对计算结果和计算速度都有很高的要求。这一般运用在需要利用数据分析的结果对系统进行实时控制的场合,例如,根据天气和洋流等情况实时调整多个船只的航线以避免发生碰撞。针对此区域,一些基于专家经验的,基于规则的算法则会表现较好,例如模糊逻辑和遗传算法的结合等。

第3章
工业人工智能的杀手级应用与赋能系统案例

3.1 工业人工智能的应用场景类型

如果要对工业人工智能的应用场景进行分类,那么按照不同的维度可以有许多种不同的分类方式。按照应用的场景进行区分,依据富士康工业互联网(Fii)提出的观点,工业互联网的场景可以划分为 4 个 F,即 Factory(工厂)、Field(外场)、Fleet(机队)和 Facility(设施)4 种类型。这 4 种应用场景对价值的倾向也有所不同,例如工厂环境中的应用以产品和生产过程为核心,更加注重提质、增效、降本和减存;外场环境中的应用更加注重设备状态保持和人员与任务的匹配优化;机队环境中的应用注重在动态的任务变化中进行协同优化,不断优化使用的周转率、提升任务的达成表现和降低综合运维成本;而基础设施环境中的应用则更加注重连续稳定地运行、无人值守和能效优化。

这些应用场景也可以同时存在,例如风力发电的应用就同时具备了外场和机队两种属性,也就同时具备这两种场景的应用需求。而工厂中的厂务系统中,智能化的 FMCS 系统(facility management and control system)需要考虑设备设施的应用需求和工厂生产环境(恒温、恒压、冷却、压缩空气等)的要求。所以按照 4F 进行划分的主要出发点是考虑应用场景中的挑战、需求和共性,在不同的对象和工业类型中有彼此借鉴的意义。

如果从算法和分析技术的视角,按照任务类型进行划分,那么工业人工智能的算法可以分为以下几个应用功能,或者说可以解决以下几类实际问题:

(1)分类(classification),即根据一组训练数据,将新输入的数据进行分类的业务,主要任务为识别特定物理对象,例如卡车、汽车、生产线上接受质检产品等的图形。

(2)连续评估(continuous estimation),即根据训练数据,评估新输入数据的序列值,常见于预测型任务,例如根据各种维度的数据来预测备件需求,根据过程参数预测产品质量(虚拟量测)等。

(3)聚类(clustering),即根据任务数据创建系统的单个类别,例如基于个人数据的消费偏好。

(4)运筹优化(operation optimization),即系统根据任务产

生一组输出为特定目标的函数优化结果,例如排产优化、维护排程优化、选址优化、无人车调度优化等。

(5)异常检测(anomaly detection),即根据训练数据/历史相关性判断输入数据是否异常,本质上可以认为是分类功能的子范畴,例如多变量过程异常检测、设备健康预警、网络入侵识别等。

(6)诊断(diagnostics),常见于信息检索和异常诊断问题,即基于检索需求按照某种排序标准呈现结果,例如提供产品购买推荐、出现残次品时的异常排查推荐等。

(7)决策建议(recommendations),即根据训练数据针对某一个活动目标提供建议,例如维修计划建议。

(8)预诊断(prognostics),即通过连续评估设备参数,对未来可能发生的异常进行预测,包括发生的时间、故障模式和影响。

(9)参数优化(parameter optimization),通过建立多个控制参数之间的相关性模型和对优化目标的影响方程,结合优化算法对多个控制参数的组合进行动态优化,例如锅炉燃烧优化、热处理工艺参数优化等。

以上分类方式更多的是从考虑算法能够实现什么样的功能来进行划分的,并不带有明确的场景属性,或者说在各种场景中

图 3 - 1　中国工业互联网的应用场景及使用状况

工业人工智能的应用给
企业带来的成效主要体
现在：

- 成本降低
- 效率提升
- 产品和服务能力提升
- 业务和模式创新等

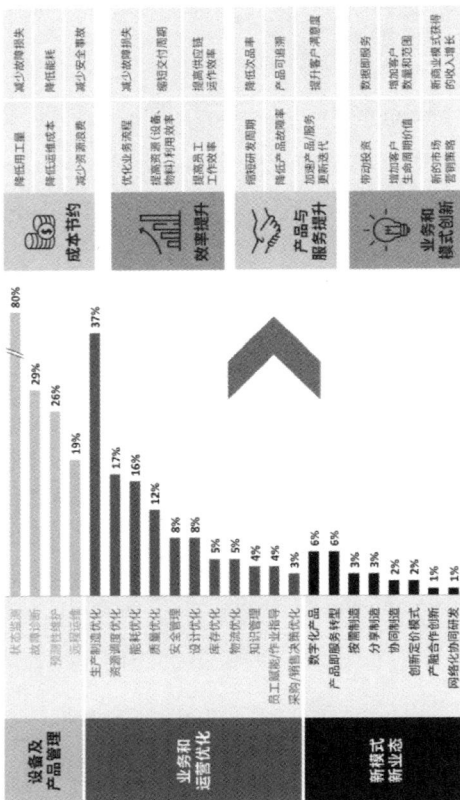

的需求都可以抽象成以上几大类问题和目标,按照不同场景中的个性化的目标、对象和限制选择最合适的解决问题的工具,就可以满足绝大多数场景中的需求。

还有一种分类方法是按照业务功能应用进行划分,国家工业信息安全发展研究中心发布的《数据驱动,转型制胜——全球工业互联网平台应用案例分析报告》中将工业互联网的业务功能应用划分为 3 大类,即设备与产品管理、业务与运营优化、服务与业态模式创新,我们认为这样的分类也适用于工业人工智能的业务功能划分。我们从这些业务功能的场景中可以看到,工业人工智能为企业带来的业务价值主要包括节约成本、提升效率、增加产品与服务价值、探索新业务模式创新(见图 3 - 1)。围绕这 4 个核心业务价值,工业人工智能将在多个业务功能中诞生出不同的"杀手级应用",并逐渐诞生复合场景、应用协同和跨领域的工业智能应用平台。

3.2　谁会成为工业人工智能的杀手级应用?

3.2.1　设备预测性维护

以往由于缺乏准确的方法来判断设备失效的确切时间,设备维护运营者经常面临一个两难的抉择,是冒着发生故障停机的风险使其使用时间最大化？还是提前更换正常部件以保障设备运行的最大可靠性？在 Deloitle 公司 2018 年发布的《预测性维护与智能工厂》报告中指出，不合理的维护策略会导致工厂产能降低 5%~20%，工业企业由于意外停机而造成的损失高达 500 亿美元/年。

传统系统已经能够对传感器时序数据（包括检测温度、振动状态等）进行分析，并实现预测异常检测和预测性维护（对组件的剩余使用寿命做出预测）。而深度学习将这个功能带到了一个新的高度：可以对数据进行分层，从而分析海量的、高维度的、包含图像、音频等各种形式的传感器数据，一些原来不适用的低质量数据（如来自廉价的麦克风和照相机）也能被利用起来。在被调研的案例中，这种基于 AI 技术的预测性维护（远程机载诊断技术），可以帮助企业减少停机时间，制定有计划的干预措施，提高产量，并降低经营成本。

简而言之，预测性维护能够从关键设备传感器、企业资源规划系统（ERP）、计算机维护管理系统（CMMS）、生产数据等多个系统中快速采集数据。智能工厂管理系统则将数据与先进的预测模块和分析工具相结合，对设备故障进行预测并处理，帮助维护人员找到问题的根源。预测性维护带来的价值是基于剩余使用寿命（RUL）的预测，在维护机会窗内选择成本最低的维护策略和排程计划,同时综合考虑所有设备的维护需求,制定全局最优的维护方案。简单说就是把不确定的信息确定化,并为客户节约成本、提高效率。

根据"罗兰贝格与汉诺威工业展览会合作"针对 153 家机械工程运营公司的调研显示:81%的受访公司已布局预测性维护,其中有近 40%的受访公司已在提供相关技术和服务,但大部分公司仍然在产品探索阶段,或尚未开始任何相关工作。预测性维护面临的主要技术挑战在于它是跨学科和多项技术组合的系统工程,且在不同行业的应用中又存在一些对象和环境的特殊性。除了部分常见的问题之外(例如旋转机械的故障预测),一个难以逃避的现实挑战就是针对一个细分领域的知识很难在短时间内积累,更何况往往还要在几个月的时间内完成项目的完整落地交付。除了对相关案例的调研学习之外,还需要一套系统性抽象化问题的方法。在《工业大数据》一书中,我们介绍了一套以 PHM 技术为核心的工程数据分析流程,包括 6 个主要步骤:数据采集、信息处理、特征提取、健康评估、健康预测以及可视化(见图 3 - 2)。这一组分析流程从建模的实施层面对要解决的技术问题进行了抽象。在这里,我们介绍一套在建模初期抽象业务目标和设计建模路径的方法作为补充,并结合在富士康无人工厂中的两个应用案例进行说明。

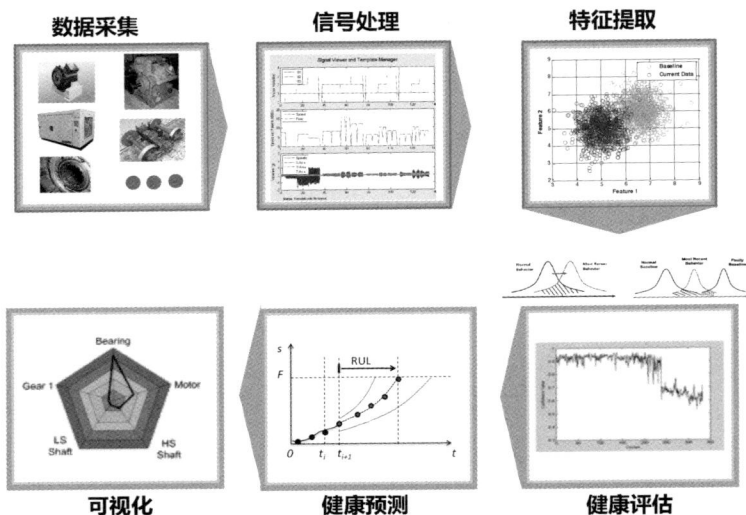

图 3－2　以实现设备预测性维护为目标的工程数据分析流程

以"可见 VS 不可见的四象限图"(见图 3－3)来表达实现设备预测性维护的路径,在实现状态监测、精度管理和故障诊断的基础上,进一步实现对故障过程和性能衰退的定量评估,从而在故障发生之前进行干预和避免;如果说"设备发生故障"是可见的问题,那么"造成设备故障的原因和设备之间性能的差异性等因素"就是不可见的问题。所以要通过大数据的分析挖掘和"同类比较"的比较分析方法去了解和解决这些不可见的问题。当实现这两个目标后,再将信息与人和系统进行整合,就能够实现零宕机的无忧工厂。

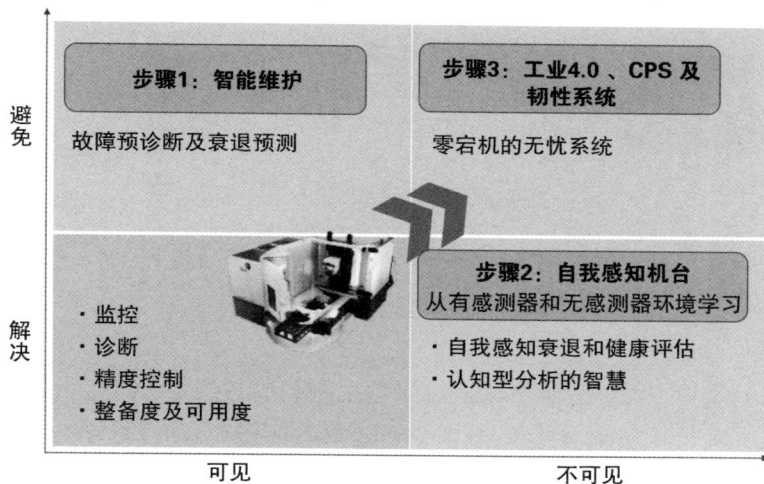

图 3 - 3　实现零宕机的无忧工厂路径

第一个案例：贴片机吸嘴的健康管理。

第一个案例是在表面贴焊（装）技术（SMT）生产线中的贴片机吸嘴（printer nozzle）的健康管理。SMT 在工厂内是非常成熟且自动化程度相当高的一项制造流程（后简称制程），是为了将电子零组件焊接在电路板表面上。如图 3 - 4 所示，整个流程为在电路板（printed circuit board，PCB）上，通过锡膏印刷机印上锡膏后，使用贴片机（IC mounter）进行打件（例如电阻、电容、二极管、晶体管和集成电路等），再经回焊炉（reflow oven）工站的热风使锡膏熔融，让电子零件与电路板结合，完成装配与焊接技

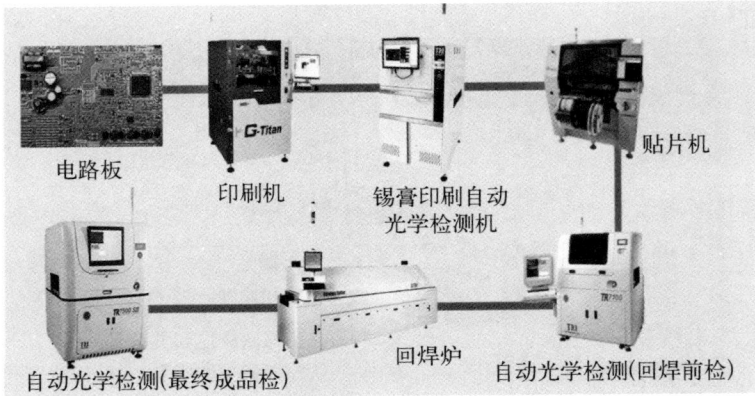

图 3 - 4　表面贴焊(装)技术(surface-mount technology)工艺流程

术,后续再通过 AOI 光学检测仪器来管控生产的质量。

　　SMT 制程中的贴片机台使用真空吸力的原理来搬移电子零件,通过吸嘴滤芯传输真空来吸取电子零件,如 BGA IC、连接器(connector)等,将这些电子零件放置到正确的电路板位置上。然而,吸嘴滤芯的使用寿命和使用程度将会影响生产中的良率、吸嘴保养、更换工时和抛料成本等因素,若能提前预知吸嘴的健康状况,可提升制程效率及稳定性,进而提高公司的竞争力。

　　一般传统的吸嘴无标记编号且无法进行有效的收集及追踪吸嘴滤芯的使用状况,需通过人工目检的方式检验滤芯脏污情况来判断是否需要保养或更换。这不仅造成人工作业时间成本的增加,还存在检验人员判断标准不一的问题,导致漏检率高达

10%。因此,该案例立项前期,团队通过设备生产端进行数据采集,尝试找出影响吸嘴寿命的关键因子,从生产 57 小时收集到的数据中,可推论得知吸嘴吸料次数和真空值存在显著相关,故可将真空值视为一个主要的失效关键测量值。而影响吸嘴的真空值,最主要的关键因素就是吸嘴滤芯的洁净程度。在有了以数据为佐证的推论后,团队进一步提出算法构架以建立吸嘴健康模型。

若能收集实时数据(如吸料次数、抛料率、置件良率)建立模型来评价滤芯脏污面积并监测吸嘴健康周期,在吸嘴衰退老化程度达预警时进行滤芯清洗或自动更换,则能达到降低抛料率和漏检率,并缩短人工作业时间的首要目标。

在数据技术(DT)方面,通过镭雕二维码让吸嘴具备单独 ID,并通过 IoT 技术与机台连接,采集吸嘴持续使用至设备真空门槛值或吸嘴失效的数据,利用分布概要图得出失效区间的相关性。

在关键有效数据采集后,分析技术(AT)方面通过机器学习(machine learning)等方法训练模型,让设备能自动辨识滤芯脏污面积,再通过改善吸嘴滤芯的洁净度,来延长吸嘴寿命。此模型目前在富士康科技集团已不断地被优化及改善,它能有效延长吸嘴的使用寿命,让每一支吸嘴都有专属的独立健康模型,并可植入所开发的 App 中,该模型能及时反应吸嘴受堵的突发异常并通报相关人员,还能预测吸嘴可用的剩余寿命。

通过吸嘴健康周期预测及自动更换,预测吸嘴寿命可有效降低吸嘴保养、更换吸嘴的工时,且节省抛料费用成本达 66%,并降低 64%的吸嘴库存量。

吸嘴健康周期预测的技术构架,包含数据技术(DT)、分析技术(AT)、平台技术(PT)、运营技术(OT)等领域内容,如表 3-1 所示。

表 3-1　吸嘴健康周期预测之技术架构

DT	AT
镭雕二维码让吸嘴具备单独 ID,并通过 IoT 技术与机台连接,搜集吸料次数、抛料率、置件良率等实时数据	建立吸嘴滤芯健康周期模型,实现吸嘴可用寿命预测,并完成滤芯脏污情形的自动辨识
OT	**PT**
运营人员可依据数据分析结果,更进一步研发自动更换吸嘴机制,精准评价备料量及有效的生产排程	建置吸嘴健康周期预警平台,将模型部属于平台上,由 App 通知异常,实现吸嘴使用状况之实时监控

第二个案例:机床刀具的预测性维护。

第二个案例是机床刀具的预测性维护,机械加工的核心部件是用来切削工件的刀具,其直接影响加工工件的质量。在加工的过程中,刀具会随着切削工件的量而逐渐磨损,造成加工效率和质量的下降,当磨损到一定程度后需要被更换,否则会导致生产事故,严重的会导致主轴故障,造成更大的损失。富士康科技集团拥有超过 10 万台不同种类的精密加工 CNC 设备,需要大量的人工来管理及监控加工状况和切削刀具的磨损情况,并根据经验来判断更换刀具的时间。而刀具管理具有很多的不确定性,譬如加工的参数、工件材料等因素,这些都会对刀具磨耗的速度造成影响,因此单纯使用人工经验来判断刀具的使用寿命是十分困难的。

在手机结构件机加工和模具制造等过程中都会大量使用不同规格的刀具,对于现场的操作员而言,刀具的剩余寿命和磨损情况是不可见的信息。过去,操作员只能够凭借经验规定一个统一的切削时间,或者通过观察切削火光和声音来判断刀具状态。而以无忧刀具为目标,使刀具的状态能够被实时准确评估,提高切削刀具的稳定性和寿命,一直是富士康科技集团的核心研发项目,也是全球机械加工领域的重要课题。在实现无忧刀具这一目标的过程中,富士康科技集团采用了如图 3-5 所示的问题分解方式和解决路径。

影响刀具寿命和稳定性的因素很多,如刀具的材料、结构、涂层,加工机床的性能、工件的材料、结构、加工冷却效果,以及场地环境等,这些因素在加工的过程中十分复杂且具有管控上的难度,进而影响刀具寿命或使平均寿命波动异常。传统刀具

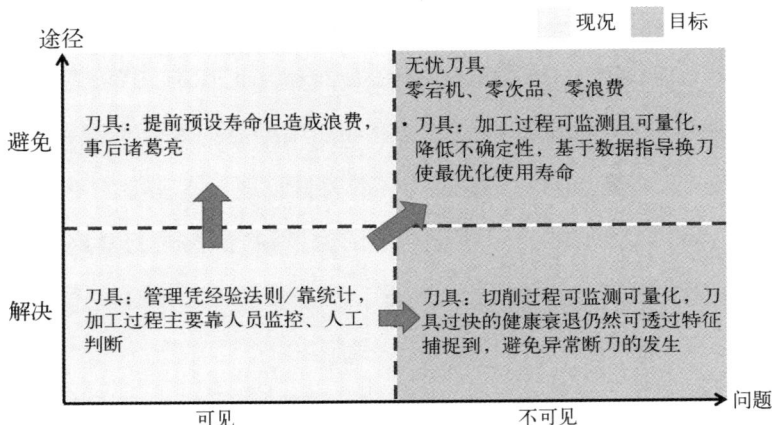

图 3 - 5　无忧刀具的技术实现路径

寿命管理的痛点和瓶颈在于无法精确预测刀具加工过程中的正常磨损、崩刃、断刀等状况,如图 3 - 6 所示,只是通过加工者的经验、掌握刀具的加工时间或切削长度来进行刀具寿命管理。然而过早淘汰刀具将会造成成本的增加,过晚淘汰刀具又可能造成质量异常,甚至可能造成加工机床重大损失。企业需要一定的人力进行质量的监控和检测,并承担异常品的损失。因此,工

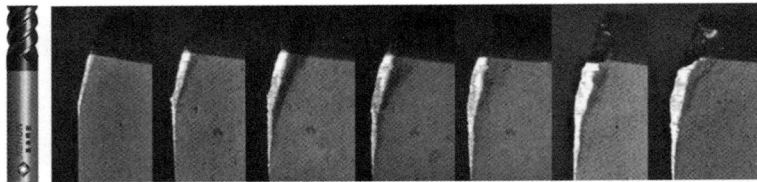

图 3 - 6　刀具切削磨损过程图片(由左向右)

厂需要刀具寿命监控及预测的机制来提高切削加工的效率及质量。

刀具作为切削过程中的直接执行者,在工件的切削加工过程中不可避免地会出现磨损、崩缺、断刀等现象,刀具状态的变化直接导致切削力增加、切削温度升高、工件表面粗糙度上升、工件尺寸超差、切屑颜色变化以及切削振动的产生等。在传统的机械加工行业中,刀具的健康状态是通过人员针对切屑的颜色、加工时长以及加工过程中所产生的噪声与线下测量等方法判断,需要大量的人力成本和检测时间。另外,传统的数学分析模型在高频数据的来源与多种影响因素的状况下难以满足实际的需求。因此,需要利用工业人工智能技术对庞大数据量进行分析建模,解决刀具寿命监控及预测的问题。

为了有效地进行刀具寿命监控及预测,首先需要在数据技术(DT)方面部署边缘端智慧硬件于目标机床,将采集的原始数据进行信号处理和特征提取后传送至拥有高运算能力的 Fii Cloud 云计算平台。依托边缘计算技术,提取能够表征刀具衰退状态的 400 多个关键特征,将传输的数据体积缩小了近百倍,有效减少了数据传输和减轻计算力的负担,降低了通信等基础设施的投资成本。数据采集完毕后,在建立模型前先评价数据可用性,使用有效的信息来建立数学模型和参数训练,避免质量低劣的数据影响预测模型。

在本案例中,通过采集传感器与控制器的高频数据以及 PLC 低频数据,包含振动信号、电流信号、加工单节、加工时间等数据,进行数据的前处理、分割、特征提取后,取出不同种类的时域和频率特征集,并使用不同的自动化特征筛选方法进行特征选择,建立刀具的磨损量评估模型,并基于刀具磨损量的评价结果建立刀具剩余寿命预测模型。

最后将该模型部署于服务平台,进行上层应用的定制化界面开发,提供接口供指定刀具传输实时数据,实现刀具剩余寿命监控及预测功能。本案例技术构架如图 3 - 7 所示。

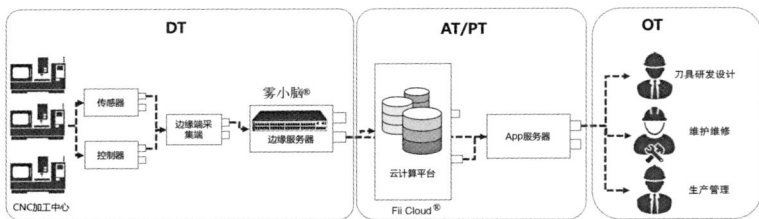

图 3 - 7　刀具寿命监控及预测技术构架图

通过刀具寿命监控及预测维护系统,可以最大限度地降低维护成本,同时优化产品品质。根据初步统计,此系统为某一条机壳加工线所带来的效益为,降低 60% 的意外停机时间、减少 50% 巡视监控机台状态所需的人力,并且质量缺陷率从 6‰

降至 3‰,每年可节约 16% 的刀具成本,其技术架构如表 3 - 2 所示。

表 3 - 2　刀具寿命监控及预测之技术架构

DT	AT
部署边缘端智能硬件,通过总线通信方式采集机床的 PLC 低频数据,同时通过外接传感器采集主轴电流和振动的高频数据	评价数据的可用性,为后续建模提供性能保障;建立刀具的磨损量评估模型,提供刀具磨损量评价功能;基于磨损量的评价,建立刀具剩余寿命预测模型
OT	PT
在线监测与预测性维护系统,可协助人员监控刀具状况,能有效地运用平台管理刀具订购及生产规划,且提升人员在工作上的效率	建立刀具在线监测与预测性维护系统,将模型部署于平台上,实现刀具衰退的实时监控

3.2.2　虚拟量测与过程质量控制

当通信技术越来越成熟并广泛应用时,工厂将面临更多的传感器数据、控制器数据、质量量测结果、各类制造系统,以及维护维修历史等。如何处理数据以找出产品质量的关键影响参数,无疑是制造业在全球工业 4.0 革命的核心竞争力。首先以多站制程情境进行质量预测的应用为例,可协助制造业者提早推测得知质量检测结果,并进一步挖掘出潜在的根本原因,改善现行制程,未来更可扩展到供货商和客户的制造上下游价值链。

近年来,随着工业 4.0 概念萌芽与物联网(IoT)技术的成熟,企业已能够从制程生产线中收集到生产时的相关数据,在生产监控及工业数据分析技术渐趋成熟下,企业也开始思考如何以质量管控(quality control, QC)技术降低厂内质量量测成本与内部失败成本。制程质量关联已发展成为在质量管理领域中的一项重要的研究方向,其主要是利用数据探勘的技术来挖掘隐含在庞大的制程数据中不易观察且有意义的知识。随着信息量越来越庞大,数据勘探方法被广泛运用在各种不同的工业制程资料分析中。

在制造业中,产品质量是一项评估企业生产能力的重要指标,产品生产的质量结果受到众多变动因素的影响且通常具有相互关系,一般来说,工程师往往难以依靠本身的专业知识或经验法则,迅速且有效率地发觉真正导致制程异常的原因以及可能隐藏的信息,进而迅速地处理事故问题;又或者,尽管资深工程师能够依照经验来推算估计问题发生的原因,但是依然无法明确地提供实际问题产生的真正原因,而只能提供一个模糊的推测方向,这包含了较高的不稳定性和极低的准确性。尤其在多制程站系统(multistage manufacturing system, MMS)中,较为复杂的变量关系和许多原因的交互影响与累积,将会对最终的质量造成影响,工程师无法回看出现失败情形时刻的生产情境,更无法进一步追溯问题出自制程中的何种因素及如何改善(见图3-8)。

为了解决这些问题,机器学习技术与统计方法被普遍地使

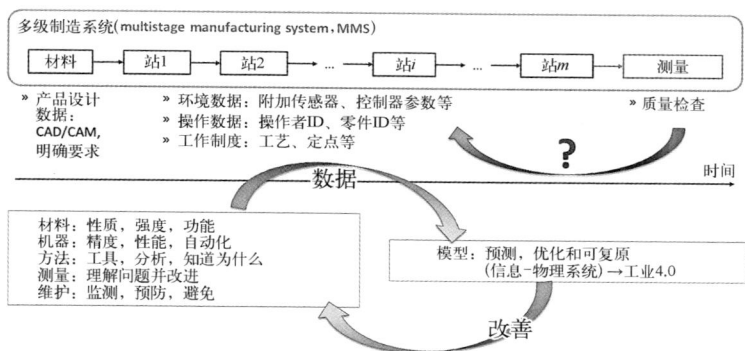

图 3 - 8　连续制程站质量预测及改善情境

用在多站制程系统数据分析,帮助理解与提供改善制程质量的方向。通过相关的算法工具找出质量相关的规则,可以帮助厘清质量与变量之间的关系,协助改善制程,使得质量提升。其中常用的算法工具包含了两大类:分类器(classification)与规则探勘(rule mining),分类器包括朴素贝叶斯算法(Naive Bayes)、主元分析(PCA)、支持向量回归(SVM)、人工神经网络(ANN)、KNN 等算法;规则探勘包括了 Apriori、粗糙集理论等。在之前大部分的研究中,在分析与实验中考虑了 MMS 的特性,大多数的分析过程都直接使用最终站结果的数据来进行分析,但是这分析并未考虑到机台与机台之间的质量影响传递情况,而在本研究中我们考虑了 MMS 中各机台之间的影响关系,并且通过判定树来萃取质量规则,取出之后将其建立为质量预测模型,我们将根据预测模型找出不良品预测结果的资料,进一步通过 Apriori 算法来分析导致缺陷结果的原因。

在制造业中,产品质量是一项评估企业生产能力的重要指标,影响质量良率的变因众多且通常具有相互关系,通过相关的算法工具,找出质量相关的规则,可以帮助理清质量与变量之间的关系;分类器与规则探勘这两大类型的算法能够从制程质量数据中找出规则。

分类器(classification)是根据提供的资料及其类别特征来建立资料分类的模型。模型的建立可以提供各种类别属性资料具备哪些特征的信息,并且可以用来预测新输入资料的类别,在分类器中,以决策树(decision tree)的应用最为普遍。决策树是指一个树状的结构,在树的中间节点(non-leaf nodes)代表测试的条件,树的分支(branches)代表条件测试的结果,树中的叶节点(leaf nodes)代表资料分类后所得到的分类标记,表示被分类的结果。自 20 世纪 60 年代开始,已有许多学者使用树状结构来进行数据分析,包括 ID3、C4.5、CART 等,其中 ID3 和 C4.5 只适用于类别变数,如有连续性属性必须先进行资料转换,而 CART 则无此限制。决策树是应用广泛的分类与预测工具,是以树状图为基础的方法,具有让使用者容易理解的优点。一般来说,决策树的准确性依据资料来源的多寡,如果决策树是基于庞大的数据集所建构出来，则其预测的结果通常是符合期望的。

　　关联规则探勘是一种在数据中发现变量之间相关性的一种方法，主要用于发现在数据集中变量之间的关系。最初的关联规则是由 R. Agrawal 等人在 1993 年提出，他是根据数据中变量关系规则的强弱来判断的，而之后 Agrawal 和 Srikant 于 1994 年提出的 Apriori 算法，是找到频繁的项目并积极建立关系，然后通过删除较少频繁的项目集来修剪规则。Huang 等人则提出了基于物理事实的方法，其建模是建立基于物理的模型来描述重要 IC 芯片功率参数与温度之间的关系。

　　为验证可行性，我们使用半导体公开数据集（Semi-Conductor manufacturing dataset，SECOM）作为实验用数据集。SECOM 为半导体的制造数据，在此数据集中包含了 1 567 组数据，每组数据有 590 个制造操作变量并对应一个质量结果，其中 1 463 组为良品资料，104 组为不良品资料。SECOM 中的数据是使用传感器在半导体制造的生产线中收集而来的，制造操作变量依照传感器的编号来命名。SECOM 在经过前处理后将会去除 115 个无用特征，并在特征选取后最终将会保留 40 个最重要的关键特征作为实际用于实验，而为了仿真在 MMS 中的数据情况，这选出来的 40 个关键特征被划分成 5 个特征族群，每个群各自代表制造机台的制造操作变量。

在进行分析前先通过 PCA 来取得关联特征,各站的特征会与前站取得的关联特征相结合后,再进行 PCA 取得本站的关联特征,依序处理直到最后一站完成为止,最终将取得的数据集包含了 14 关联特征并对应到一个质量结果。

在经过关联性转换后取得的关联特征数据集将会被切割成训练数据(training data)以及测试数据(testing data)两部分,分割的比例为 75% 以及 25%,在切割后分别为 1 175 组训练数据以及 392 组测试数据。由于在 SECOM 中的数据皆为数值型(numerical)数据,有部分的算法只能处理种类型(categorical)的数据,所以需要进行数据的离散化以提供对应的种类型数据。本案例中资料离散化的方法是基于管制图(control chart)的概念来划分数据层级区域,数据的分布将被划分成 6 个区间种类,其中包括了"极低""低""较低""较高""高""极高"6 个种类。最终的结果显示,以粗糙集算法所挖掘出的关联规则预测质量能得到最好的准确度,而判定树分类器则以 C5.0 能达到最好的效能,如图 3 - 9 所示。

如果能够找到多级生产系统中成百上千个过程的参数与最终产品质量参数之间的关系,那么能不能在制造完成之前对质量进行预测呢?这样不仅能够预测质量偏离的风险,还能够节

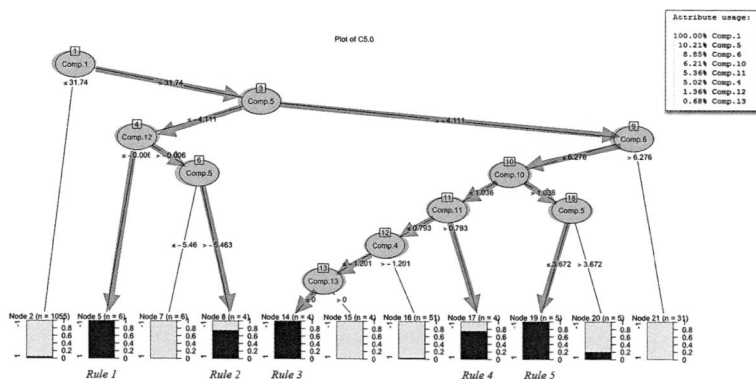

图 3－9 C5.0 判定树应用于 SECOM 数据集结果

省大量用于量测的时间,进一步提升制造效率和减少次品浪费。事实上,类似的尝试已经在半导体制造中开展很久了,首先在半导体制造中进行探索主要是因为残次品带来的经济损失更高,而且在半导体的生产过程中有 30% 以上的时间用于中间过程的质量量测。

在半导体制造过程中,晶圆在变为成品之前,往往需要经历成百上千个独立的加工过程。制造半导体晶圆的主要步骤如图 3－10 所示。在制造时,一些步骤可能会重复进行。

由于制造步骤繁多且复杂,以及制造误差会随着制造步骤的增加而积累,通过在一些重要加工过程之后及时检测加工的质量关键指标来衡量加工质量变得尤为重要。当一批晶圆经过

147

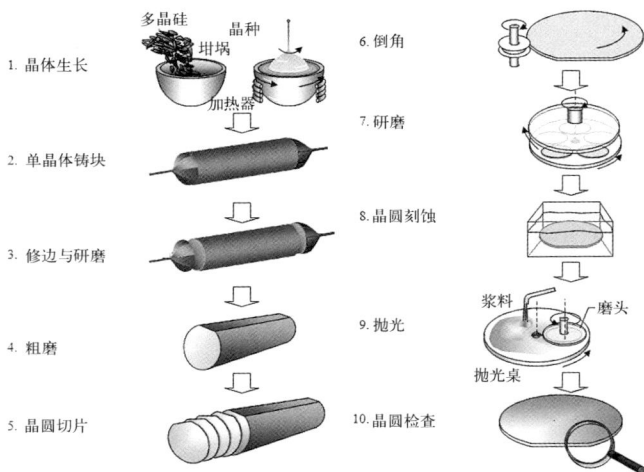

图 3 - 10　半导体晶圆制造过程概况

某一加工设备制造完成之后,该批次的一小部分样本将被送检,检测根据现有的工艺制造后质量如何。然而,这类抽检方式的主要假设之一是不同样本间的加工误差在统计上是独立分布的,即每个工件的加工过程是完全一样的。遗憾的是,由于加工过程要控制的变动因素非常多,半导体晶圆加工的过程有时候会发生"异常",故这种抽检的方式很可能无法完全反映对应批次的质量状况。

在半导体行业工艺要求不断提高的背景下,如何能够不断降低成本、提高制造良率,是半导体行业经常要面对的问题。下面以化学机械抛光(CMP)为例,介绍工业人工智能如何能够在半导体制造过程产生的大数据环境中来提升半导体制造生产力。

第三个案例:工业人工智能在大数据环境中提升半导体生产力。

化学机械抛光过程的目的是研磨晶圆,使其表面平坦化,为后续光刻过程做好准备。CMP 过程的基本原理是化学腐蚀作用与机械研磨去除作用的结合,实现全局平坦化。其质量的关键指标之一是平均磨削率(mean removal rate, MRR)。

如果进一步分析半导体制造加工以及质量控制的过程,不难发现其中的改善空间。现有的质量监测过程如图 3-11 所示,在晶圆加工过程中,各个关键变量会被过程质量控制的方法监测,同时产出的晶圆也会被抽检。这样的质量控制方式有以

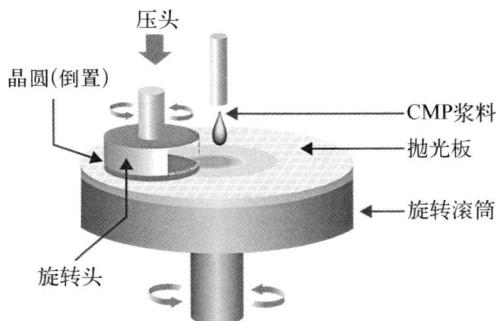

图 3-11　半导体晶圆制造化学机械抛光过程(CMP)

下可以改善的空间：首先,抽检的方式没有办法保证该批次所有晶圆的质量合格。正如前面所述,抽检成立的前提是每个晶圆加工过程完全一样。但实际上,在加工过程中可能会出现偶发性的过程故障(fault),而这种故障很难通过抽样的方式检测到。其次,这种单变量检测的方式往往是基于阈值规则的,很难在故障早期做到异常检测,也无法预测产品的质量,当检测到问题时,故障很可能已经在多个批次发生,造成质量问题回溯的延迟。最后,采用量测设备抽样的方式,在每个晶圆被检测时,该批次其他待加工晶圆需要等待检测过程的结束,直接影响到了生产效率,延长了加工过程(见图3-12)。

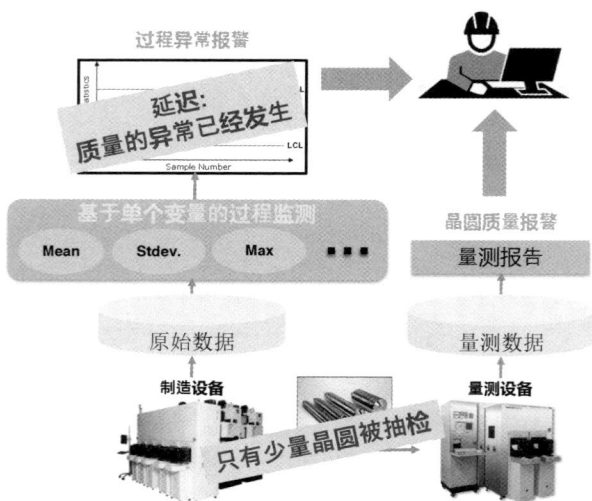

图 3-12 传统的晶圆制造过程质量控制的痛点

为了解决上述痛点,虚拟量测(virtual metrology,VM)技术近年在半导体行业业备受瞩目。虚拟量测技术并非全新的概念,但随着传感器技术的进步、大数据技术的逐渐成熟及算法的提升,工业人工智能技术再次让精准的质量预测成为可能。虚拟量测是指不进行实际的测量,而在产品生产过程中,利用生产设备的传感器数据来对关键质量指标进行预测。预测的方法多种多样,归结起来,其本质都是回归问题。根据对以往文献的不完全统计,虚拟量测技术中比较流行的方法包括偏最小二乘法、人工神经网络与非线性回归。比较现代的方法,如深度学习,在虚拟量测中的应用尚不多。究其原因,深度学习模型的表现对历史样本的数据量与质量有很大的依赖,同时对算法要求高、模型可解释性相对传统方法差。在工业场景中,如何能够整合行业知识与经验,如何提升模型的实时性与可靠性,以及如何能够保证模型结果的可解释,是几个重要的议题。

我们在建模实践中发现,并不存在一种在所有场景中都能够表现得很好的机器学习模型。模型能够稳定输出稳定可靠和可解释的结果,关键是建模框架上的适应性及是否能够将现有的领域知识与经验融入。由于半导体生产过程的数据保密性非常高,所以在本案例中我们选择 2016 年的故障预测与健康管理

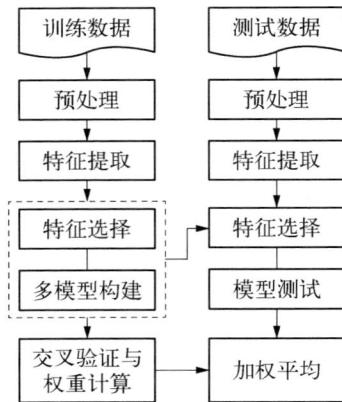

图 3 - 13　化学机械抛光（CMP）过程虚拟量测建模框架

数据竞赛（PHM data challenge）中的数据进行详细阐述。如图 3 - 13 所示，IMS 中心所采用的建模框架的关键在于特征与机理的整合、特征的自动筛选以及集成学习的技术。

传统的质量检测技术是单变量的统计过程控制与抽检的结果。考虑单变量的统计分布，拟定一个阈值，并将单变量的实时值与该阈值对比。为了减少误报，这种阈值通常会在故障晚期进行报警。传统分析技术虽然有很强的机理对应性，但是在没有考虑多变量间的影响与交互作用时，只能够对单变量进行分析。同时，对于故障根本原因的判断及现象的解读，均需要现场的工程师专家参与，无法做到质量判断的自动化，更无法量化。

而引入了工业人工智能技术的虚拟量测能很好地解决这一问题。首先，虚拟量测技术基于机器学习中的回归算法，可以利用多维度的过程变量对最终的关键质量指标进行预测，从而给出量化的质量预测结果。

其次,图 3 - 14 所示的方法中,特征提取引入了基于机理的特征,包括近邻磨削率(neighbor RR)、磨损特征(usage features)及其他特征。特征提取是能够与机理融合的关键步骤之一。根据变量间的机理关系,以及变量与平均磨削率的机理关系,有针对性地提取相关特征。这种特征在加入模型后,被证明能够提供更加准确的预测效果。

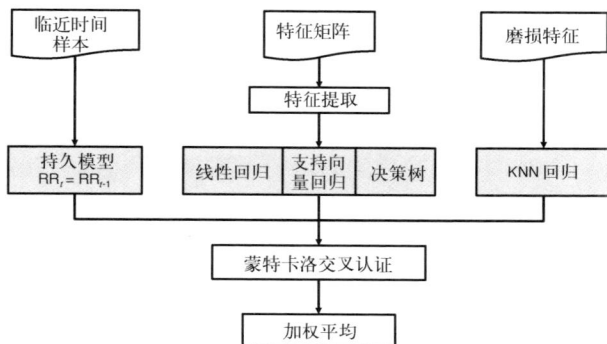

图 3 - 14 预测 CMP 过程平均磨削率的集成学习方法框架

此外,图 3 - 14 所示的分析流程中采用了 T 检验与 "out-of-bag" 的特征筛选技术,能够根据预测准确性来动态筛选最合适的特征,从而保证进入机器学习模型的特征是对预测平均磨削率真正有效的。最后,集成学习的应用得以将不同模型的能力整合,进一步提升预测的准确率。与传统的单一机器学习模型相比,集成学习的优势在于能够把多个单一学习模型有机地结合起来,获得一个统一的模型,其表现更准确、稳定和强壮。

本案例所介绍的方法,在 2016 年的故障预测与健康管理数据竞赛(PHM Data Challenge)中获得了冠军。虚拟量测、预测性维护等技术的工业智能技术为半导体制造行业所创造的价值是不可忽视的。对于当下已经商品化的产品,预估能够为用户创造的价值超过 1 000 万美元,在一年内的投资回报率可达到 500%,这足以说明虚拟量测等工业智能技术在半导体制造业应用的卓越效果,其不仅能够在制造过程中及时发现质量缺陷的隐患,还可以减少中间过程的质量检测所消耗的时间,存在巨大的潜在商业价值。

3.2.3 能源管理与能效优化

工厂中的能耗节省一直是需要持续改善的重要方面,常见的做法包括对设备进行改造升级,使用更加先进的控制手段(如变频控制改造),应用更加合理的能源介质管理,减少非生产状态的设备功率等。在几乎所有的工厂内都会有厂务设施,虽然是生产系统的辅助角色,但是厂务设备的稳定运行决定了工厂内的恒温恒压环境保持、环保设备正常运转、设备冷却和压缩空气连续供应、消防和安全监测稳定运行等。同时,厂务系统也是工厂的耗电大户,对厂务设施的能耗优化存在很多共性的需求和技术手段,因此在本节中将先以工业人工智能如何帮助厂务系统实现节能降本作为案例说明。

第四个案例:工业人工智能帮助厂务系统实现节能降本。

厂务设施泛指工厂里除了生产机台以外的所有设施,包含供应水电气的设备(如冰机、空压机、变电站),废水、废气的处理和排放设施,公共设施等。本案例在深圳一家制造液晶面板的工厂实施,液晶面板的制造工艺需要在恒温、恒压、恒湿的无尘环境,需要洁净的压缩空气不断从无尘室中喷出,通过室内正压隔离室外的灰尘和水汽。因此该厂对压缩空气(clean dry air,CDA)的需求是很大的,每天需要约 2.212×10^5 立方米,换算成电费一年需要 3 000 万人民币以上。此外,该厂生产使用的大型机台常年需要冷却水来为机台降温,冷却水是由厂务系统的冰水机组提供,生产厂房回流过来的高温循环水经过并联的冷水机组降温,再供应给生产厂房。除了机台冷却以外,厂房的空调系统也需要冷却水来提供制冷量,给办公室和无尘室车间的空调制冷。

空压机和冰机的耗电占厂务系统整体耗电的 60% 以上,能源管理的重点主要在这两个“用电大户”上,节能的方向主要包括降低能源的损耗和提高设备的能效。厂务站房里的空压机和冰机设备相当于压缩空气或制冷量的"供应端",生产厂端相当于压缩空气或制冷量的"使用端",当供应量小于使用量时,可能会影响良品率,甚至造成严重的生产事故,所以工厂一般都会设置一定的安全冗余量,但是冗余量太大就会造成能源的浪费,需要在保障安全生产的情况下尽量降低能耗。同时,由于设备正常运行时的能耗是巨大且相对稳定的,所以提升设备能效带来的节能收益非常可观,工厂会对这种大功耗设备进行定期的检修和维保,以保证设备在一个较高能效的健康状态下运行。

传统的厂务监控系统(facility monitoring controlling system,FMCS)通过 SCADA 系统收集设备的实时数据,呈现在中控室的电脑屏幕上,自动判断是否超过上下限阈值,进行报警(见图 3 - 15)。

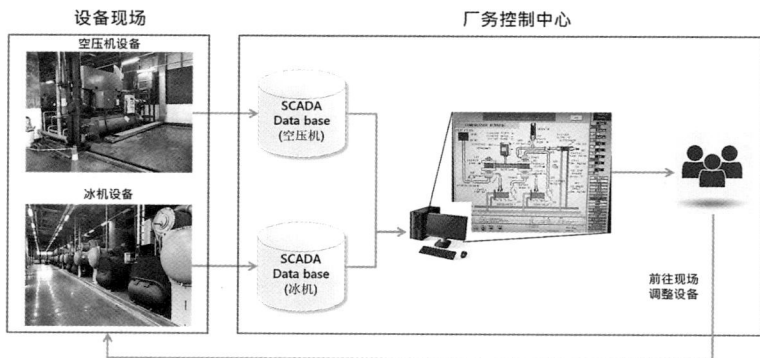

图 3 - 15 传统厂务监控系统的运作模式

中控室的值班人员会随时查看设备上的各项参数（如空压机的出口压力、进气阀开度、冰机的负载百分比等），监控能耗浪费现象（如空压机的开口阀到 65% 以下）和能效降低的表现（如冰机趋近温度过高），依靠经验进行判断，发现问题时打电话通知现场操作人员或者自己去设备现场进行启停或维保作业。

上述传统的厂务监控系统存在的问题主要有：

（1）人的经验可能过时，不是最优经验，且经验难以传承。

厂务设施（空压机、冰机）的调控指令一般是由有经验的厂务工程师下达或制定调控策略，需依据厂务设备的使用年限和当时的设备参数，凭借自身多年经验才能对设备进行安全可靠的调控。首先，这些经验不一定是最优的，可能现场情况的变化超出工程师的经验；其次，这些经验难以传递给新人，只能以一些机械式的规则表现，知识传承很难也很慢。

（2）依靠人的值守难以做到及时调节响应。

厂务设备启停调控的颗粒度是由人员观察的频率决定的，值班人员不会也不可能一周 7 天、每天 24 小时一直在监控电脑面前全神贯注地观察，调控相较于实际的情况会有延迟，这是浪费且不安全的。

（3）维保的周期和计划排程不够灵活。

厂务设备的维保是定期进行的，每隔半年或一年进行一次整体的维护，每个季度更换一次耗材，这种维保周期是固定的，并不是最经济的。

针对问题（1）和（2），有的工厂会安装一整套自动控制的程序来调节，自动控制系统可以实时地根据一些设定值进行调节，比如空压机系统会监控管道压力，压力低时加开空压机；反之则减少。这种调节是近似实时的，能够尽可能地降低延迟，但是这种调控策略依旧是"短视"的，即只关注当下，而没有考虑未来的情况，可能由于需求量的快速大幅波动导致调节过于频繁。而空压机这类大功耗设备是不允许频繁启停的，因为启动电流是正常运行电流的 3 倍，会对设备和电网造成损伤。而对于问题（3）业内还没有成熟的解决方法。

为了解决传统厂务能源管理系统的问题，我们利用工业大数据进行分析，将智能算法与厂务设备的运作机理相结合，提出了新的解决方案，能够提前对厂务端的需求量进行响应，同时监测设备能效衰退趋势，做到预测性的维护。就具体技术而言，主要用到了理论建模、需求预测、决策优化和健康评估这 4 类算法。

（1）理论建模。

根据厂务设施的运转机理和历史的运行数据,对厂务整体系统进行建模,这个模型的输入可以是一组设备上的可调参数,也可以是某个时刻点设备开启或关闭这台,输出是衡量整个厂务设施运行状态的参数。比如将冰机的出水温度提高 1 度,冰机的负载就会下降,整体冰机系统的制冷量就会减少,模型的作用就是拟合这些物理量之间的关系。这种理论建模是为接下来的决策优化做基础,实际中只有一个真实存在的物理世界,我们无法假设当时如果换一种决策是否会有更好的效果,因此需要在理论模型上进行仿真。如图 3 - 16 所示,使用同一种实际的输入,得出的实际输出和理论模型输出,其误差是衡量建模好坏的指标,而优化后理论模型输出与实际输入的理论模型输出之间的差异则是优化决策带来的效果。在第一步理论建模时应尽量减少建模误差,在决策优化时应关注后者优化效果的提升。

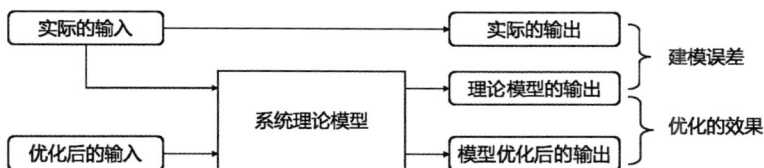

图 3 - 16　理论建模的示意

（2）需求预测算法。

要实现精准和前瞻的决策,前提是能够准确地预测未来需求量的变化情况,这种预测需要机器学习和理论建模相结合。举例而言,厂务端制冷量需求的变化一般由两个方面引起:一方面是外界环境的变化,夏天或中午一般是比较热的,此时制冷量需求是较大的,冬天或夜晚需求较少,对于这种变化可以使用时间序列预测、长短时记忆模型、集成学习等建模方法,同时引入天气预报的数据作为参考;另一方面的变化是由工艺制程引起的,比如生产端有一项"废溶剂回收"制程,当其开启时对制冷量的需求非常大,常常需要增开一台冰机,而生产端和厂务端是割裂开的,生产端的变化并不会提早通知到厂务,因此经常会造成制冷量不足的现象,这类变化可以由数据融合、机理建模、事件驱动等技术实现预测,主要问题是连通生产端的数据。

从另一个维度来看,对需求量的预测分为短期预测和长期预测。长期预测是基于大量历史数据,结合外部环境因素、生产排程计划以及每天的投产计划(产品生产越多,机台开启的稼动率就越高,需要的用气量和制冷量就越多)做分析,得出一天或一个班次的厂务设备排班情况。然而现实计划往往赶不上变化,因此需要一个短期预测模型来分辨实时的变化。短期预测模型的算法是完全基于数据驱动的(不考虑生产计划和投产计划），预测数据上的大幅变化的趋势，可以避免不符合实际的情况。长期和短期预测相结合则可以精准地前瞻决策。

（3）决策优化算法。

在同样的制冷量或用气量情况下，开启不同的设备台数以及不同的设备所使用的能源是不同的。决策优化算法的作用就是找到最优的配置，将不同的设备配置作为输入，加入已经建立的理论模型中，得到最终的经济指标作为输出，再考虑需求量满足的约束、设备的启停规则、设备的能效水平等，对设备的配置进行优化，使用的算法有线性规划、遗传算法、粒子群算法等优化算法。

将预测算法得到的需求量作为优化算法的条件，可以优化设备的启停决策。由长期预测结果可以得到未来一天或一个班次的厂务设备排班情况，作为看板放在厂务中控室以指导设备的启停排程。由短期预测结果可以得到更精确的即时启停决策，以此来建议厂务设备的调控，该建议已在算法中考虑了设备的启停规则限制，可以直接执行。

（4）健康评估算法。

结合的故障预测与健康管理（PHM）方法，对冰机和空压机的能效进行监测，基于电流信号和振动信号的分析，找到能效健康状态的指标。当设备出现衰退而导致能效降低时，对应其造成的成本损失，与进行保养以及更换耗材的成本之间做一个比较,找到最优的维护保养的时间点并提醒相关维保人员。

整体的技术架构可以用图 3－17 概括总结:首先在数据层(也称边缘层)中接入各种设备的运转数据、加装传感器的数据以及生产排程的数据,然后通过 IaaS 基础设施服务层把数据收集、处理、存储,以供智能算法使用。在平台层会使用大数据处理分析、机器学习等智能算法,开发一系列厂务系统需要的模型,比如能效评估、需求预测、成本计算等。最后实现各种工业场景的应用,如优化排程、启停建议、预测性维护保养等。

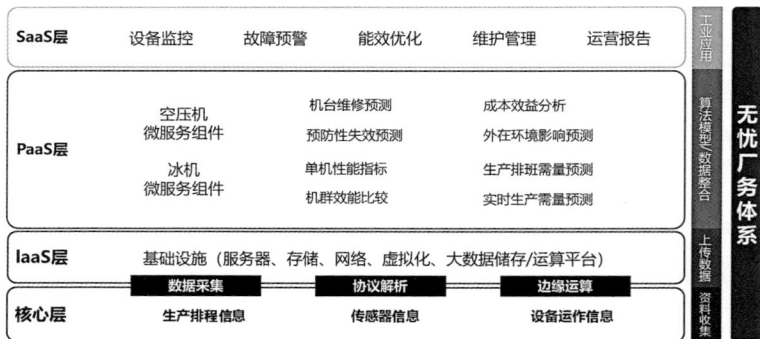

图 3－17　整合智慧厂务能源管理系统功能的技术架构

智慧厂务能源管理系统在本案例的实施中为该工厂带来的效果包括:

(1)把依靠人的观察和经验调节变为系统智能建议调节。

(2)把滞后的应激式调节变为前瞻的预测性调节。

（3）把设备定期维护保养变为实时监测设备状态和预测性维护报警。

通过核算 2018 全年的历史数据,可进行优化前后的成本比较,计算出:10 台 1 500 马力(1 马力 = 735. 5 W)的空压机一年可节省超过 200 万人民币,12 台 1 360 冷吨(1 冷吨 = 3. 51 kW)的冰机一年可节省超过 50 多万人民币。

除了在用电方面进行优化外,还可以在电力的供应侧进行成本优化,这就需要工厂建立一套涵盖电网、储能设施、太阳能和风能等可再生能源的多能互补系统,实现不同能源供给的融合和智能化运营。

多能互补是按照不同的资源条件和用能对象,采取多种能源互相补充,以缓解多种能源供需矛盾,合理保护和利用自然资源,同时获得较好的环境效益的用能方式。多能互补具有如下两个特点:

（1）包含了多种能源形式,构成丰富的功能结构体系。

（2）多种能源之间相互补充和梯级利用,达到 1+1>2 的效果,从而提升能源系统的综合利用效率,缓解能源供需矛盾。

多能互补智能运维平台完成对风力发电机、光伏设备、储能设备及电网电价数据的采集存储,同时利用历史数据和实时数据进行深度挖掘,利用机器学习算法建立对用电需求的预测模型、对供电侧发电能力的预测模型、智能化的控制优化策略,以及对多能互补平台的关键设备建立健康评估与故障预测模型,实现智能运维与决策支持。

多能互补智能运维平台的整体技术路线是基于 Hadoop 大数据技术架构,构建企业级工业大数据存储和数据可视化应用的技术平台框架,是一套集数据采集、数据抽取/加工、大数据存储、大数据分析、大数据挖掘建模、运维监控于一体的大数据综合应用平台,从而满足发电设备远程状态监测以及故障预测与健康管理的应用需要。多能互补智能运维平台的总体技术架构如图 3 - 18 所示。

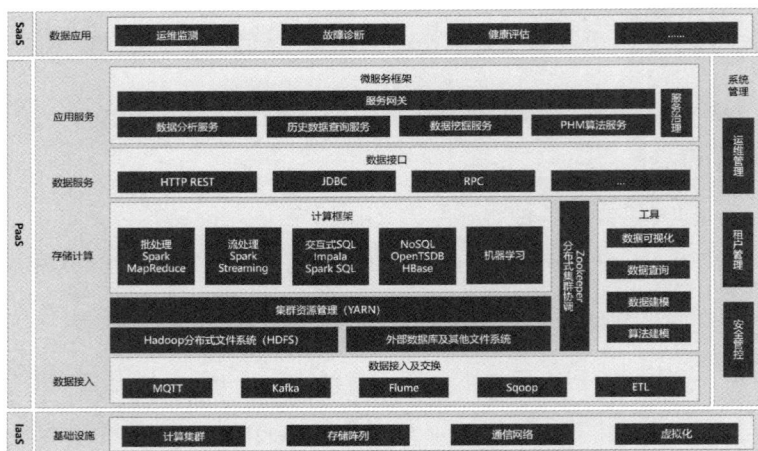

图 3 - 18   多能互补智能运维平台技术架构示意图

164

多能互补智能运维平台应用大数据、云计算、物联网、人工智能等关键技术,提供多种存储方案和数据算法,支持结构化数据、半结构化数据和非结构化海量数据的采集、存储、分析和挖掘,提供多种标准的开放接口,支持以微服务化模式进行二次开发,同时平台提供了可视化的数据展示、建模分析、数据管理、系统管理等工具,降低了数据分析人员、系统管理人员和最终用户的使用难度。

多能互补智能运维平台能够针对多能互补系统中所有设备(风力发电机、储能设备、光伏设备和海水淡化设备)的整体运行效能,提供多能互补系统整体运行效能评估及报表。对设备整体运行效能进行评估给出运行结果报告,并且能够建立起完备的故障预警系统和故障诊断系统,实现智能运维与决策支持。

根据我们的实践经验和数据统计,智能运维平台在现场的应用可以改进现场对故障的响应、处理及备品备件的统筹流程,提前处理故障隐患,准确率高于 85%,运维成本节省达 20%。

在能耗的使用和供给两侧进行优化后,还是否有进一步节能降本的空间? 答案是肯定的,我们还可以从能源介质和能源管网的平衡方面寻找新的空间。以钢铁制造的煤气管网为例,接下来将要介绍如何通过一个智能化的管网平衡系统降低能耗成本并保障煤气供给的稳定。

第五个案例：用智能化的管网平衡系统降低成本并保障煤气供给的稳定。

作为一个典型流程型制造过程，钢铁铸造可分为以下 6 个环节：采选矿、烧结（球团）、焦化、炼铁、炼钢、轧钢。铁矿石原料经过烧结、球团处理后，进入高炉生产铁水；铁水经预处理后，由转炉炼钢、炉外精炼至合格成分的钢水，然后连铸浇铸成钢坯；钢坯经过轧制，制成各类成品。现代化的钢铁企业往往会通过对全流程工序实行余气、余热等回收工作，提升能源使用效率，降低吨钢成本。

高炉煤气是高炉炼铁过程中的重要副产物，在通过管道回收后，可输送至下游生产车间（例如热风炉、轧钢加热炉、锅炉等）充当主要能源介质。然而，在实际生产过程中，由于高炉产气波动不可预知，且每个用户各自的用气节拍不协同，导致管网产气和用气一直处在不平衡的状态。另外，由于缺少煤气柜缓冲，管网压力波动剧烈且频繁。当压力过高时，放散阀门会自动打开，造成煤气浪费；压力过低时，下游轧钢将被迫停产，造成钢材产量和设备 OEE 损失。

为系统性解决管网压力波动的问题，我们针对该钢厂煤气管网全流程工序开展了详细的诊断调研，并基于对波动的根本原因的量化分析，提出了高炉煤气智能平衡系统的方案设计，最终通过 6 个月的时间完成了系统开发和现场部署。

　　该解决方案的设计思路主要是：高炉煤气智能平衡系统定位为一线员工的用气操作辅助系统和管理人员的问题分析工具。系统部署在各个工艺车间的控制室中，与生产密切配合。系统可以实时监测管网压力及各设备产气和用气波动，并通过智能模型的预测和计算，为操作员提供实时用气建议，使得各工序煤气的使用既能满足本工序的工艺要求，又能实现多个工序间的用气协同。当发生异常情况时，系统也可以实时通知动力调度员和管网各工序操作员，实现更敏捷的调度响应。最后，系统也提供了对煤气波动的归因分析，帮助相关部门分析问题原因、提供改善建议。

　　整个煤气平衡系统采用了从"解决可见问题"到"避免不可见问题"的思维框架进行设计。对于煤气管网压力波动这一可见问题，原来的做法是让单个锅炉跟随压力高低增减煤气，或是通过放散塔将多余煤气瞬间放散来实现对管网压力波动的调节。然而，这样的做法一方面会使得锅炉操作和调节过于盲目和被动，另一方面也会导致煤气浪费。因此，我们提出了以下 3 个维度的优化措施，尝试从根源避免波动，如图 3 - 19 所示。

　　（1）避免可见问题：热风炉是煤气管网中最大的用户，其用量占到煤气总发生量的 40%，在其自身工艺周期的影响下，每隔

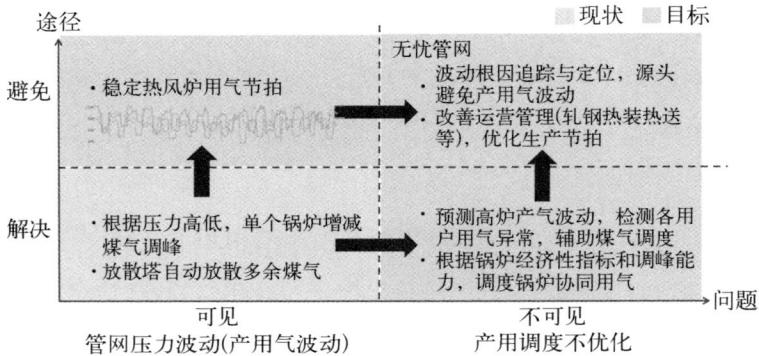

图 3-19　高炉煤气管网智能平衡系统的技术设计思路

一个固定周期就会由于换炉造成用气波谷;如果不加以控制,则会造成压力大幅波动。针对这一问题,解决措施是建立热风炉错峰换炉节拍器,实时协调多个热风炉的换炉周期,并且在某几个热风炉换炉周期偏移时指导其他热风炉配合调整自身工艺时长,保证热风炉用气节拍的稳定。

(2)解决不可见问题:管网压力波动的深层问题是产气和用气的不平衡。为此,项目团队实施了高炉煤气发生量预测模型和关键工序的用气波动检测模型,在异常工况下可以实现及时、精准的用气调度。同时,为了进一步发挥锅炉的调峰作用,实施了锅炉智能调度模型,根据锅炉的经济性指标和各自不同的调峰能力,调度各锅炉发挥集群作用、协同调节,实现管网产气和用气动态平衡。

（3）避免不可见问题：如果要从根源避免产气和用气波动及调度的不优化问题，就需要从根本上改善现场的生产管理方式。例如，通过提升轧钢的热装热送率，减小入炉钢坯的温度波动，减小用气波动；再比如，通过优化生产车间的计划排产，优化生产节拍，降低用气调度难度。为了辅助现场的持续改善，项目团队一方面对历史生产数据进行了深入的分析，另一方面也在系统中实现了压力波动异常的追溯和源头定位功能，将问题发现的过程自动化，为一线人员提供持续的改善抓手。

综上所述，煤气管网的智能调度系统的实现方式如图 3 - 20 所示，首先利用机器学习算法建立高炉煤气产生的预测模型，对未来 4 小时煤气产生量曲线进行预测，同时对炉内反应异常而造成的煤气发生量剧烈下降现象进行预测。结合对煤气产生量的预测和对煤气总管压力的持续监测，首先保障关键用气工序的生产节拍稳定，如多个热风炉供风和加热节拍，避免由于生产节拍紊乱造成的管网压力波动。同时对异常用气情况进行检测，将不按照规范使用煤气的操作在各个操作工序间进行广播，这样既可以对此类现象进行有效的监督，还可以提醒各个工序对此类现象可能对自身生产带来的影响进行评估和预防。最后，结合管网的压力趋势预测和异常事件的影响分析，对发电锅炉的用气调节指令进行决策建议，由发电锅炉扮演平衡峰谷的角色。

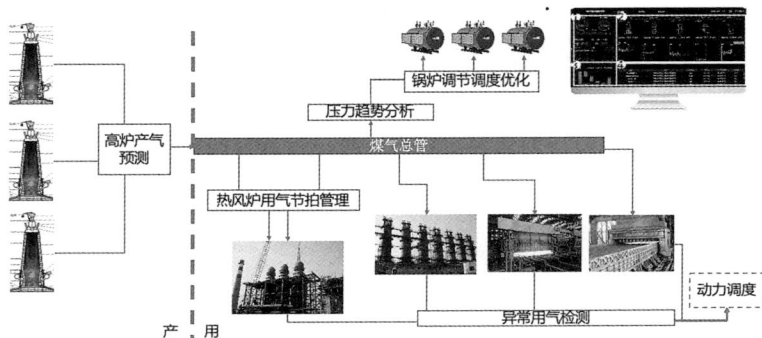

图 3-20 煤气管网的智能调度系统的实现方式

高炉煤气智能平衡系统部署后,我们同步开展了一系列的现场导入工作,包括对操作员的在岗培训、车间班组领导的研讨教学和管理制度的优化等,推动了煤气平衡系统(DT、AT、PT)与生产运营(OT)的有机融合,发挥了系统对一线员工辅助操作、改善生产的作用,形成了效益闭环。系统上线以来,可以看到多项管网指标得到了显著改善,其中包括① 压力稳定率(±2 kPa)从 79% 提升至 95%;② 轧钢因压力过低导致的停产被彻底消除;③ 煤气放散率从 5% 降低至 1% 以内。

初步估算,高炉煤气智能平衡系统预计将为该企业带来年化经济收益 2 200 万元人民币。与此同时,系统的标准化操作建议和异常问题追溯也为能效精细化管理提供了新的抓手,促进了系统与运营能力的持续成长。

目前,高炉煤气智能平衡系统已被该企业信息化团队全面接管。采用与煤气平衡系统建设类似的方法,该企业信息化团队继续深入挖掘生产部门需求,在系统上不断丰富功能,开发了更多环保指标监测、加热工艺分析的可视化工具,为各工序操作员提供全方位的用气决策辅助。以高炉煤气智能平衡系统为代表,数字化智能化生产的理念在该企业逐渐生根发芽。

这个案例的技术架构可以用表 3-3 进行归纳和总结:

表 3-3　高炉煤气智能平衡系统之技术架构

DT	AT
强化人员的数据意识,在数据传感器部署上更具前瞻性,补齐业务数据短板; 源头数据质量水平决定智能系统的能力极限。应以业务需求为驱动持续巩固计量维护体系、提升数据资产价值,为智能系统的迭代发展提供条件	建模实施过程中与业务部门专家保持紧密互动,将数据分析能力和专家知识充分融合,实现建模过程的高效、到位
OT	**PT**
智能系统的建设应与运营管理改革齐头并进,以实现系统的落地和价值规模化; 智能系统推行过程中应注重培养生产人员的数字化运营意识,通过对自己、他人、全局的认知,理解自身在系统中的角色,从而能从全局视角进行敏捷精准操控	建立软件层面异构数据的整合能力,提升数据服务的灵活性,为产线级智能系统提供底层数据平台基础

3.2.4　基于机器视觉的缺陷检测与物料分拣

机器视觉技术(machine vision)在人脸识别上的精度突破使其迅速成为人工智能的杀手级应用,围绕着人脸识别技术诞生出许多场景的应用,包括刷脸支付、智能安防、社交、公共区域安检等应用,极大地提升了人们的生活效率并改变着我们的生活方式。机器视觉技术在工业中的应用也正在迅速发展,与人脸识别相比,工业中对机器视觉识别的准确率要求更高、需要的速度更快、对细节的辨识能力也有更高的要求。以 iPhone 生产的外观缺陷检查为例,需要在 6 个方向强光照射下进行 3 次人工检验,检验工人都经过特殊的训练,识别要精细到不能放过任何 $2~\mu m$ 以上深度的划痕,这种精细识别目前靠机器视觉还很难做到。工业环境中被应用的对象更加复杂多样,而且在一个产品被生产的过程中往往只会被应用很少的次数。这使得模型训练的难度更大,算法需要在更加少的带标签样本中做到更快速地收敛和精度的持续稳定。这对于小批量、多批次、高度个性化定制的工业产品而言会更加困难。因此,机器视觉目前在工业场景中的质量缺陷检测往往被用于 3C 电子制造、汽车制造等大规模生产场景。

在汽车整车制造的场景中,汽车车身的大部分覆盖件和结构件均为薄板冲压件,在"冲、焊、涂、装"4 大工艺中,冲压首当其冲,冲压工艺水平与冲压质量的高低对汽车制造企业至关重要。

第六个案例:汽车制造冲压生产线的智能质量管理。

国内某知名汽车制造企业某生产基地冲压车间建有 3 条冲压生产线,主要生产侧围、翼子板、车门、引擎盖等轮廓尺寸较大且具有空间曲面形状的乘用车车身覆盖件。在其冲压生产过程中,影响侧围在拉伸工序中产生局部开裂的因素很多,如设备性能、模具状态、板材性能、车间温度等,部分新车型侧围在拉伸工序中易产生局部开裂现象,需反复进行参数调整与试制,具有一定的盲目性,且成本大、效率低。

对于车身制造生产线冲压业务核心痛点,通过广泛调研与方案优化,开发了基于机器视觉的冲压产品外观质量智能判别与优化平台,通过大数据管理与计算平台的搭建(见图 3 - 21),实现汽车生产企业冲压车间的所有设备、模具、材料、制造过程数据、质检数据的集成、存储与统一管控,对数据形式差异大,数据源分散,既有设备实时性各类信号数据,又有非结构化图像数据的问题进行了集中解决,系统提供数据标准规范和安全管理体系,充分维护企业数据资产的价值。同时借助基于机器学习的数据挖掘、基于机器视觉的智能检测技术,实现了对侧围冲压开裂的预测与产品件表面缺陷的智能识别。

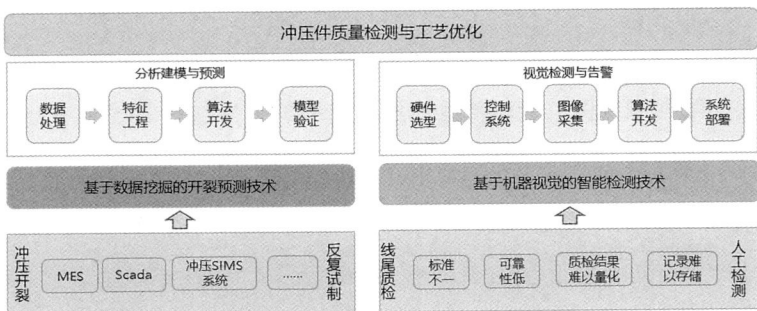

图 3 - 21 汽车制造冲压产线的智能质量管理方案

　　基于机器视觉的冲压件缺陷智能识别检测,立足生产线现有条件,设计图像采集系统,通过图像样本采集与机器学习智能构建,建立了识别速度快、识别准确率高的智能识别模型,模型可实现对于新生产的冲压件表面是否存在缺陷的快速识别,并自动将所有检测图像及过程处理数据存储至大数据平台。通过质检数据、生产过程工艺参数、产品设计参数间的关联,借助大数据分析技术,形成冲压产品质量问题分析管理的闭环连接,实现了冲压产品质量的精确控制和优化提升。

　　在获得冲压件产品质量的实时反馈后,依据冲压设备加工参数、板材参数、模具性能参数及维修记录等,通过数据挖掘机器学习算法,建立冲压工艺智能预测模型。通过样本积累与模型训练调优,准确预测冲压件开裂风险。最后,确定制造过程影响因素间的相关性,制定生产过程参数组合控制策略,为冲压制造过程工艺优化和质量把控提供支持。

在某汽车企业生产基地进行平台正式部署与实施后,可预测新车型冲压件的开裂风险,这极大地提升了企业对于新车型冲压件加工参数的设计效率,试制次数减少约 70%,每年节省试制成本 200 多万元。通过机器视觉技术,快速智能化检测冲压件表面质量缺陷,极大地提高了生产线检测的稳定性、可靠性,降低了质检工人的劳动强度,基地冲压车间的 3 条生产线每年可节省人工成本 100 多万元。同时,冲压产品的质检数据被平台有效存储,开展了相应的关联分析,为实现质量闭环分析与追溯提供了重要决策支持。

制造商们都希望从生产线上生产出来的产品没有缺陷和问题,但是如果大规模地进行质量检查必然会增加人工成本。机器视觉是帮助企业解决自动化这类问题的理想技术。谢尔顿公司有一个名为 WebSpector 的表面检测系统,可以识别缺陷、存储图像以及与所述图像相关的附带元数据。随着产品沿着生产线进行处理,被识别出的任何缺陷都会根据其类型进行分类,然后分配相应的等级,以帮助进一步识别缺陷的严重性。有了这类信息,制造商就能够区分正在发生的缺陷类型,它还可以帮助他们实施程序和政策。例如,制造商可以引入一个过程,当出现 X 个 Y 类型的缺陷时,就应该停止生产线并调节设备上的某一参数或进行设备维护。这项软件技术,再加上最先进的高速相机,系统的检查设计速度比人工检查快 10 倍以上,这也增加了吞吐量,能够提高纺织品生产商的生产率高达 50%,并且每年可从客户质量索赔中节省数百万英镑。

人工智能和机器视觉的应用不仅限于生产线中的零部件或产品的质量监测,也可以用来帮助改善制造系统中的人员健康和安全。例如,高性能计算机显卡技术公司 NVIDIA,与小松(Komatsu)建立了合作关系。小松是一家采矿和建筑设备制造的先驱公司,总部位于英国。两家公司的合作关系将 NVIDIA Jetson 人工智能平台与小松钻探、挖掘和采矿设备的整合(见图 3-22)。利用实时摄像头和视频分析的结合,企业计划跟踪人类的移动,并在深度学习的推动下,预测设备的移动,以帮助避免在施工现场出现危险情况。据统计,每年大约有 15 万起建筑工地事故造成的伤亡与车辆和机械有关。而人工智能和机器视觉可以通过增加重型设备的全方位视野来减少这些伤害,基于深度学习的人工智能应该能够跟踪人员并预测设备的移动,以避免发生危险的交互和碰撞。

提高工程机械装备智能化和现场管理的另一个目标是提高

图 3－22　在 NVIDIA 与小松的合作中使用机器视觉监控施工现场和设备

运营效率。有研究表明，一些建筑工地有高达 50% 的机械闲置，因为大型机械的任务调度和协调是一项非常复杂的任务。而工业人工智能可以使用机器传感器数据和现场摄影测量，包括无人机视频，以 3D 方式绘制现场地图、跟踪工作进度，并将其与计划的一致性进行比较。云端的工业人工智能算法可以处理这些视觉数据，并创建进度的分析模型，对施工现场的工程机械进行实时的调度指令优化。

　　每件重型设备上可能有多个 Jetson 平台。除了全方位车身摄像头视图外，小松还将 Jetson 驾驶室安装的立体摄像头来帮助实时评估现场条件，并依靠人工智能向操作员提供额外的警告和指示。

3.2.5 生产与维护计划的排程优化

在工业场景中,无论是在工厂内的生产环境还是一个机队的运营,都非常注重流程和执行的协同。丰田提出的精益制造系统对流程的优化赋予非常重要的意义,这对流程的精细化设计和精准执行带来了一个新的制造模式,即节拍型制造。这样的制造模式并不仅在一个工厂内发生,还需要供应链、物流和销售体系的协同,因此当提到丰田制造系统时,往往并不仅仅指丰田的一个工厂或一条生产线,而是一个由许多供应链工厂组成的庞大体系,这也形成了日本制造业金字塔式的产业链结构。

工业人工智能技术在智能排产和决策优化上的应用,同样建立在大量数据收集与管理的基础上,通过观察积累大量数据以及由这些数据所组成的流程,可以了解事物背后的规律,随后在这些规律的基础上,将决策问题转化为数学模型,对决策目标进行量化,并定义这个决策中的限制调节和规则,在这个框架下寻找无数种可能性中最优的那个解决方案。

传统生产计划的制定,主要依靠老计划员的经验,传统企业的生产计划内容相对单一,订单交期相对固定,不会经常发生改变；但随着大型生产制造企业的生产需求不断扩张，受到材料、产能的双重约束，顺利地排出一份不用调整的生产计划对于计划员来说难度日渐增大，而计划调整往往需要多个部门同时配合，也可能需要与外部的反复沟通、各个工厂的生产执行部门产能分配的多次协调。这其中的人工成本相当可观，而比人工成本大得多的则是一份需要调整的生产计划带来的业务损失。

举例来说，对于节拍型制造而言，尤其是汽车装配线，对节拍执行的严格要求和近乎为零的中间库存，使得任何一个中间过程的设备停机超过 1 分钟就会造成损失。举例来说，在生产正在进行时，为了维护设备而关闭一台机器可能会造成上流机器的物料堵塞，也可能会造成下游机器的物料供给不足。对于一个典型的汽车生产线来说，1 分钟的停工可能带来大约 2 万美金的经济损失。调查表明，在当今的美国制造业，有三分之一的系统维护费用是由于低效的资源利用而白白浪费。

生产计划软件则应运而生，但目前而言，传统的计划软件存在两个问题：

（1）由于决策复杂度已经增长到相当的水平，需要考虑的问题也在不断多样化。而传统软件处理的场景往往针对单一工厂内的生产情况，使用的算法一般分两步：第一步确定物料，在产能无限制的情况进行第一次求解;第二步通过收紧产能,确定生产计划,对那些因产能限制而无法生产的订单,则进行延迟。这些解决方案,本质上是无法将所有复杂的业务条件全部都考虑并加入模型中的。

(2)由于决策涉及变量的激增,"可能性"往往可能达到数十亿种,所以需要一个高效的优化求解算法来保障决策的实时性。有的软件为了追求高速求解而采用启发式算法等快速求得不精确解的算法,在场景不复杂时,可以由计划员经验进行调整和补足,但在目前工业企业场景的数量级面前,没有专业的求解器是不可能解决问题的。

随着生产系统越来越复杂,生产流程中的任务和参与者不断增多,产品种类更加多样,产品的柔性化定制程度提升,很多企业在制定生产计划时不得不更加科学地考虑。尤其是许多传统大规模生产的行业都在向拉动型生产和柔性制造转变,小批量多批次订单成为主流,还会经常出现插单和变更需求的情况,这使得生产计划和协同调度变得难上加难。如果将这个问题从单个工厂扩展到多个工厂,使生产订单能够在多个工厂之间流转,并用同一个供应链系统满足多个工厂的需求,那问题的难度又会提升一个量级。因此面向小批量多批次产品的多工厂智能排产成为工业人工智能的用武之地。

第七个案例：多工厂智能排产解决方案。

多工厂智能排产解决方案主要是针对：① 原材料有限且未来一段时间的供应量固定；② 每个工厂有一定生产内容限制，每天总产能上限固定且不可突破；③ 部件生产关系给定，部件生产时间与在工厂间转运时间给定，在满足以上 3 点重要约束与其他细小约束的情况下，智能排产系统将最佳优化安排未来一个月时间内每天、每个工厂具体的生产内容，以保证这一个月内的订单需求尽可能地满足交付要求。

具体来说，多工厂智能排产解决方案不仅在物料、产能、运输等方面存在诸多约束，还存在库存、采购、部件生产版型要求，原材料特殊供需要求，上下层生产关系迭代更新（bill of material，BOM）部件生产批次版本，订单交付优先级等诸多庞杂而琐碎的生产细节约束。这些约束充分体现出该问题的复杂性，人工手动排产的旧模式在如此规模的约束需要考虑的情况下往往顾此失彼。多数情况下，只能寻找到一些满足上述一部分条件的排产计划，往往需要违背一些约束，并且舍弃一部分的订单需求。在一些极端情况下，工厂的生产计划都有可能被迫中止以等待一份可行的排产计划，可想而知，从上千万种排产计划中寻找到一份稳定、有效乃至最优的排产计划对于一个大型制造企业的重要性。这种排产计划背后面临的其实是一个变量和约束条件规模通常到达千万乃至上亿级别的规划问题。

对复杂生产系统和大规模定制进行智能化的生产排程，不仅要满足企业当前的需求，也需要在使用功能上考虑到企业在未来可能发生的多方面的需求，例如利用结果并进行溯源分析，提升算法鲁棒性并对小范围预测失误进行微调，或是以生产制造为末端的供应链网络的全链条优化等各个方面。在时间维度上，企业随着全球布局快速扩张，需要前瞻性地探索更行之有效的算法，加之并行处理等工程化手段，使求解效率相匹配地提升。这些方面既是企业满足目前业务诉求的刚需，也是着眼于未来发展的战略技术储备。

针对这个问题，杉数科技提供的解决方案针对排产计划的模型的建立、模型的求解、排产计划的分析、排产计划的反馈等，包含以下主要内容：

（1）核心算法模型。

我们使用线性规划进行建模，由于巨大的问题规模，使得任何整数变量的出现，都会极大地延长问题的求解时间。为了将问题的求解时间控制在一小时内，我们尝试了多种建模角度，成功地使用了一些规划建模的技巧将约束条件线性化并且保证了无整数变量的出现。具体地，我们将求解过程分为了多个小型的线性规划进行求解，在顺序求解每个小型的线性规划时，利用之前已经得到一部分解,不仅可以帮助求解过程实现快速的收敛,也起到了替代部分整数(0－1 变量,即选择与否的决策)出现的作用。此外,我们使用了一些良好的数据结构,实现了快速的数据转换,由此保证从输出数据到输出结果,模型运行的快速、准确。

(2)分析模块。

当排产计划完成后,针对订单的交付情况,解决方案会提供完整的交付分析功能,其中将会针对订单的延迟交付或取消,进行具体的原因分析,并生成相应的原因报告(具体到哪种物料不足、哪个工厂产能不足等)。

(3)反馈模块。

最终,当判断出由于物料不足与产能不足而导致订单交付延迟或取消的原因时,解决方案会根据采购清单(可以进行采购的物料以及这些物料的预计到达时间)进行最有效的采购推荐。通过这份采购推荐,企业可以清楚地看到每一笔采购或每几笔采购能够直接带来的订单交付情况的改善,以此来衡量是否需要执行采购推荐。

杉数科技的数据科学家为某大型电子设备制造商提供的解决方案(见图 3－23),不仅满足了该企业目前的全部业务需求,也在使用功能上考虑到了该企业在未来可能出现的多方面的需求。经测算,在此应用中提供的生产计划已经完全吸收了拥有丰富行业经验的计划员的排产知识,总体自动化率可达到 80%,降低供应链全链条上的生产、库存、运输成本等总计千万级。

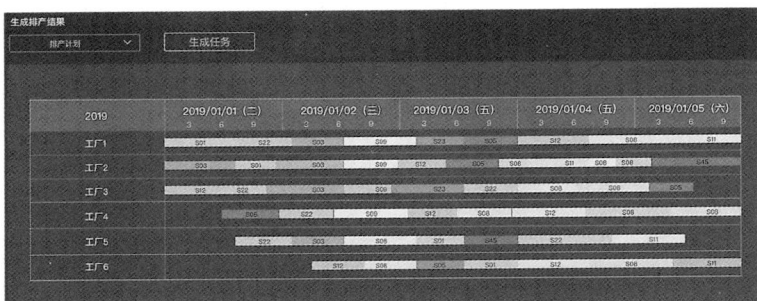

图 3-23　生产计划排程优化结果界面

如果将应用的场景从工厂内移到户外,甚至是偏远的山区或是海上时,维护活动的排程是否合理不仅关系到停机损失,还会对维护成本和维护效率造成很大的影响。外场(field)设备的维护排程优化建立在对这些设备连续监测和故障预警的基础上,以海上风场的维护排程优化为例,在对风机的状态进行精确评估的基础上,如何综合状态信息、环境信息和维护资源信息等,对维护计划的决策进行优化,也是智能管理和使用的重要方面。风场的维护是一项非常复杂的工作,尤其是建设在海上的风场,其维护需要调用船舶、直升机、海工船等特殊设备,成本更加高昂,且维修周期更长。由于风机运行环境较恶劣、风资源的随机性以及风场多地处偏远地区等客观因素,进行人工的状态监控和维护排程难以实现风能利用的最大效率。如何根据风机的健康状态、风资源预测结果、维护资源的可用性、海上天气状况等综合因素,以实现最小的成本为目的,对风场的维护维修任务进行最优化的排程,依然是业界普遍面临的难题。为了解决上述难题,我们 IMS 中心开发了面向海上风场中短期运维计划排程的优化系统(见图 3-24),该优化模型属于带约束条件的非线性优化问题范畴,并使用了遗传算法对该模型进行求解。

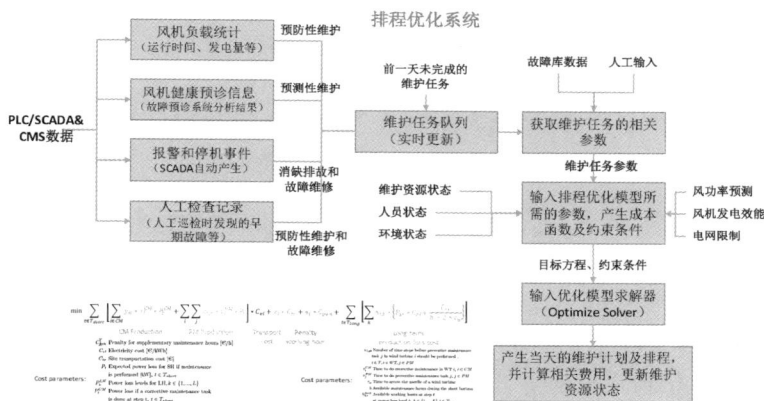

图 3-24　海上风场中短期运维计划排程的优化系统

第八个案例:面向海上风场中短期运维计划排程的优化系统。

风场维护排程优化的基础是对风资源的精确预测,在此基础上结合维护需求信息,尽可能地选择在风资源较弱的时刻进行维护,而在风资源好的情况下尽可能运转发电。针对每个维修任务,可以由多个可用的维修团队选择乘坐多个可用的维修船只进行维修,这增加了系统维修排程安排的灵活性,有利于降低成本。但是扩大可行解的搜索和推演范围会使问题变得更加复杂。遗传算法是目前较为流行的解决不确定性调度问题的启发式算法,该算法通用性强,计算能力较好,并且具有隐并行性和全局搜索等特点,在处理不确定性调度问题上具有较强的鲁棒性。本案例针对海上风场维修任务的特点,充分考虑船只、天气、维修人员、维修次序、风机健康状况、航行费用等因素,根据遗传算法的思想,建立了风场维护排程优化的推演和决策环境。这个推演环境需要具有非常好的拓展性,简而言之,就是要能够灵活适应安排 M 个维修船只和 N 个维修团队去完成 P 个不同的维修任务。维修排程优化的目标是为每个维修任务选择最合适的维修船只、维修团队和维修开始时间,使整个维修过程中由于风功率损失和资源使用造成的成本达到最小。因此,海上风场维修排程优化问题可以分为 3 个子问题:① 确定每个维修任务的开始时间;② 确定每个维修任务对应的维修船只;③ 确定每个维修任务对应的维修团队。

为了支持尽可能多的船只、维修团队和任务的数量,推演环境中的模型也需要具有很好的运算效率。在设计遗传算法模型的求解过程中,采用了两层模型相互嵌套的方法,对维护任务的顺序及开始时间分别进行优化,即首先确定维护任务开始的顺序,再确定两个任务开始之间的等待时间。这样就能够将排程问题的复杂度从 N^2 降低为 $2N$ (N 为维护任务的数量)的数量级。

以在由 24 台风机组成的某海上风场中,对 17 个维护任务进行排程优化为例,优化后的排程计划在执行推演中预测的成本,比没有进行优化的维护计划的成本降低了 25%以上,图 3 - 25进行了简单的展示。而由于元启发式算法具有较强的随机性(遗传式算法是元启发式算法的一种),并不完全适用要求较强稳定性和可追溯性的现代化、标准化工业问题。相对而言,精确算法在中小规模问题的求解上具有与启发式算法相媲美的求解速度,在精度上也可以更稳定地达到 25%以上的成本节约。

无策略排程:按照故障的发生顺序进行
总维护成本: **50 977 RMB**

优化策略:遗传算法求解最小成本策略
总维护成本: **37 637 RMB**

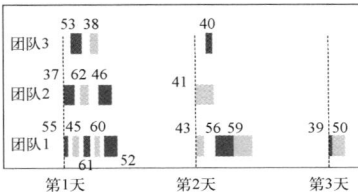
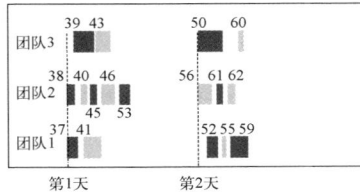

图 3 - 25　对某海上风场 17 个维护任务的排程优化结果对比

对于工业中的资源运筹和排程优化问题,解决问题的关键就在于能否将问题转化到一定范围内,并建立对这个有边界问题的数学化表达,否则就会陷入过度复杂或不可解的困境,而这需要运筹学者的精确建模能力和丰富业务经验。

3.2.6 供应链与物流调度优化系统

随着中国现代物流行业的快速发展,物流信息化建设已取得了显著的成绩,大批的物流企业开始选择采用先进的信息网络技术在国内外物流市场上提高核心竞争力。物流行业正在进行颠覆性的变革。物流企业及各类有运输需求的企业都在思考如何进行精细化管理和加速转型升级的步伐,越来越智能化、自动化的发展成了物流类企业的优选之路。

纵观整个市场,以天猫、京东为代表的电商物流企业,以顺丰、"四通"为代表的快递物流企业,以 58 速运、福佑卡车为代表的互联网+平台型物流企业都在抢占新型物流市场。杉数科技通过对超大型物流企业和中大型 B2B 服务商进行分析,了解到超大型物流企业虽自身基础好、主营业务较稳定,但业务模式非常多样化、复杂化,其增长会遭遇"天花板",故对服务质量与合作方交付能力要求极高,企业对于针对自身特点的定制化服务需求很高。

而中大型 **B2B** 服务商通常处于高速增长阶段,行业聚焦于垂直细分领域,整合变化较大,但业务基础及数据质量较差,企业更倾向于标准化的产品解决方案和服务。在本节中我们将首先分析智能运输决策平台小马驾驾(Pony Plus)如何利用大数据和人工智能技术对数以千计物流车辆和数以亿计的物流订单进行智能化的调度、车单匹配和路径规划。

第九个案例:智能运输决策平台小马驾驾。

智能运输决策平台小马驾驾,针对物流优化问题,为企业提供全链条技术服务,利用运筹学模型与机器学习将实际问题转化为数学模型求解,解决一系列业务场景中的优化问题,完成从数据到决策的转化。

智能运输决策产品不同于一般的路径优化产品,其可以为企业提供一套完整的运输决策方案,而不仅仅是对车辆的路径排布优化。一般的路径优化产品重点考量的是路径和排线的最优化,而运输决策产品则重点关注从多种运输方式中组合出一种运输成本最低的方式,是多种运输模式组合在一起的运输决策,其核心指标是支持多目标下的成本最低,而不只是简单的距离和时间。例如涉及多点之间的运动排布,除了传统运输场景外,还可以拓展出诸如人员拜访、仓库内人员在各货架之间的运动等场景,这些多点之间的流动问题在考虑如何排布多个点的同时,还需要考虑运输渠道(空运、海运或陆运)、承运商的排布(每个承运商在不同线路上的报价是不同的,如何调整到成本最低)等问题。

智能运输决策平台小马驾驾可以从 4 个层面进行优化,如图 3-26 所示,按照对运费节省由低到高来排,依次是执行跟踪层、运作优化层、战术计划层、战略规划层。

图 3-26 小马驾驾中可灵活选择不同的优化层次

路径优化是运作优化层面上的重要问题,即寻求由起点出发通过所有给定的需求点之后,最后再回到原点的最短路径,又可分为旅行商问题和车辆调度问题。这两类问题又可衍生出多类变种问题:在很多场景下,用户的需求会实时地产生(包括取货和送货需求)、如何迅速反应、安排(多个)送货员(车辆)和出发点;一些货物需要在某一时间段送到或取货要求在某个时间窗口内完成,如何在满足时间窗的约束下排布最优。这些问题复杂而多变,需要深入的建模和求解能力。

有多少优化的问题,就会有多少优化的角度(见图3-27)。可以通过考虑单点提多点送、多点提单点送、多点提多点送等各类模式,提升配送效率;也可以通过城市分区分车型分时段的限行、禁行约束情况,了解到何处有限重、限高、限宽、限速,何处需要调头、左拐、过河/跨桥,何处的站点接近司机住址等,从而提升业务的响应速度,并达到时间窗的严格约束。

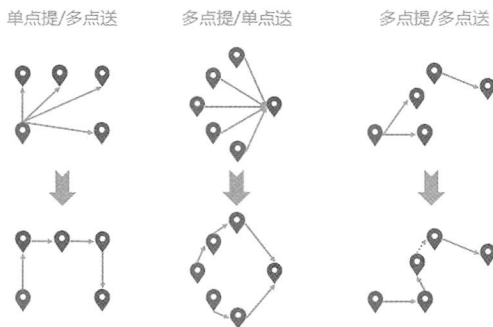

图 3-27　物流中不同提单和送单方式的优化策略

在运输配送中会遇到很多业务挑战,如车辆人员资源匹配不合理、时间窗约束严格、城市分区分车型分时段限行、业务模式复杂多变、手工调度造成效率低下等。这些问题可能会出现在整个运输配送链条的各个环节上,而运输优化的目标是优化整个链条,减少运输成本,提升资源利用率和业务响应速度。那么,如何达到优化目标呢?将客户订单、网点信息与时间窗、路线模版、车辆信息、运输费率、装卸效率等信息输入运输优化引擎,通过智能优化算法,在考虑以上多种业务约束的同时,全局统筹规划所有资源,考虑订单、车型、商品、时间窗、交通等整体运输环节上的(其他产品没有考虑到的)约束和场景,用真实的业务约束来还原真实的业务场景,才能使运输优化的结果落地性更高。

　　小马驾驾为某快递物流企业制定的快递配送优化方案是智能运输的一个应用场景,即一个区域内的快递送件/取件订单,在较大的合理时间范围内,在定人、定区的快递员及周边小范围的快递员内中选择出合适的快递员,经过合理的路径规划,完成消费者/商家处的订单服务。

　　该场景的难点在于不同的订单优先级,催收、催派的动态对时间窗的影响;在途时间受到天气、交通状况、车辆类型的影响;装货、卸货效率需根据重量、体积、收货方式、有无电梯、楼层等决定(见图3-28)。另外,快递员每时每刻会通过手持设备发起实时优化,如何解决高并发也是落地难点之一。

　　通过对此项目一次快递配送路径的优化,在图3-29中可以得到了两种路径结果输出方案:图(a)为纯路径最短,仅考虑

图 3-28　配送路径优化的方式和策略

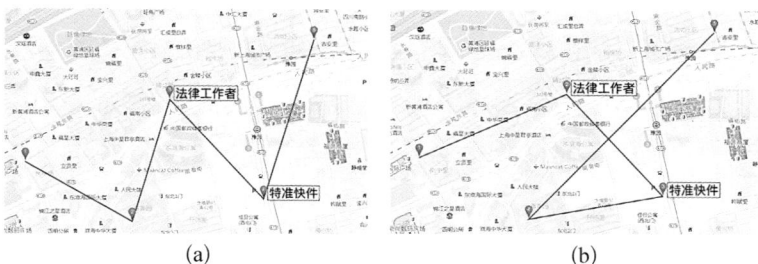

(a)　　　　　　　　　　　(b)

图 3-29　配送路径优化的实例

开行时间最短及影响开行时间的因素(天气、路况、客户服务时长等),忽略客户时间窗、客户/订单等级、投诉、催收催派因素;图(b)为满足客户服务的路径最短,同时考虑开行时间最短及影响开行时间的因素(天气、路况、客户服务时长)、客户时间窗、客户/订单等级、催收催派、投诉等多种因素。

为某跨国快消品牌在上海定制的城市配送系统(见图 3-30),

193

上线 3 个月时间,系统在支持该公司的每日排单调度任务上,将计划时间从 2 小时压缩至 30 分钟;在用车数量保持不变的情况下,将车辆平均行驶里程缩短了 12.53%;在门店配送上,每车次配送门店数最高增加了 53.3%,每车次配送箱数最高增加了 54.2%。该案例里面有一些定制化的需求,如交通状况变差或遇到突发情况,通过手持设备可以一键进行途中路线实时再优化操作,计算出当下最优路径及每个站点预计到达的时间。

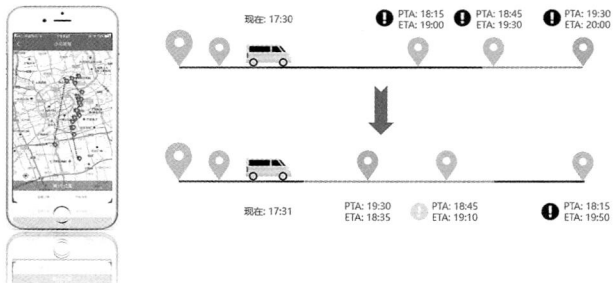

图 3-30 为某跨国快消品牌在上海定制的城市配送系统带来的收益

系统可实现合理地分配每个司机的行驶时间和距离,使任务尽量均衡。同时,小马驾驾将机器学习成功地应用在传统的 VRP 问题上并进行落地,由于前期对每个站点停留时间预估不准确,积累一段时间数据后,通过对司机画像、站点属性、站点卸货条件、卸货商品大类及数量进行学习,小马驾驾得到了不同的店、不同司机、不同配送货物情况下卸货时间的预测模型,到货准时率提升了近 30%,使得客户满意度大大提升。

如何以灵活多样的合作方式满足运输行业不同等级用户的需求也是物流优化场景中的一类挑战。小马驾驾为某大型家具公司制定的城市配送优化方案,场景难点很多,如北京市复杂的道路限行约束、订单分布较散、客户严格并且有大时间段的收货时间窗、家具安装时间波动从 10 分钟到 10 小时、近百种车组服务/运输能力差异较大等。

那么,如何在满足客户时间窗的要求下,将任务合理地分配到合适的车组,并保证路线少跨区、里程数稳定呢? 小马驾驾通过优化引擎,在满足各类约束条件下,将调度时间从 3 小时压缩至 15 分钟,使企业用车成本下降近 25%。

同时,在企业的一些难点需求上也可以有对应的优化策略,能有很好的效果。例如,北京远郊区房山为了按业务要求派一辆车,且避免从市中心穿过的情况,采用了先五环内再五环外的订单优化方式,缩小了远郊跨区距离,使去往郊区的车尽量在市区外围沿路接单。

为某供应链企业制定同城餐饮配送优化方案时,遇到了极具挑战性的城市配送优化需求(见图 3 - 31),需要考虑客户服务、交通限制、车辆配置、承运商等多个方面的约束条件,同时还

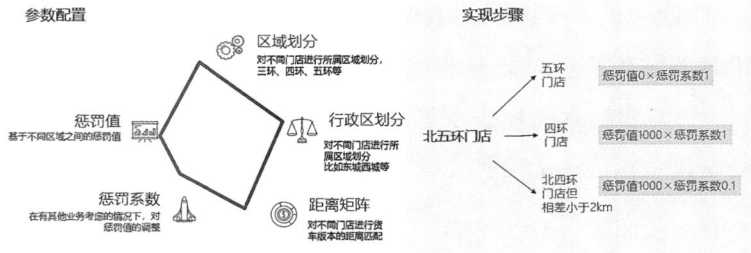

图 3 - 31 为某供应链企业制定同城餐饮配送优化方案的设计思路

要加入对特殊需求的考量。比如不同环线区域内的站点尽量不要拼载,防止频繁穿越环线的情况发生,同时不影响邻近跨区(虽然跨区,但距离相隔并不远的站点)的拼载情况。通过优化,在对一周的配送情况进行测算后,发现平均用车数下降了5.8%,平均公里数下降了7%,门店每日收货时间点波动在10分钟以内的占比达95%以上,调度人员排线时间从4小时下降至30分钟,优化效果明显。

以下为同城配送优化系统的运行逻辑的5个步骤,每个步骤环环相扣,形成一套完整路径优化的运行逻辑。

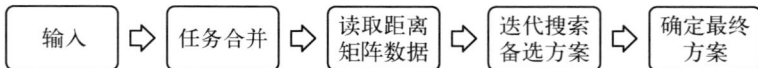

首先输入任务、车型、优化参数等信息。在输入信息处理好之后,将相同起始点,相同时间窗的运单任务拼在一起,进行

任务合并。然后根据不同货车车型找到所有任意两个站点（含仓库）之间的开行时间，读取任意两点间的距离矩阵和时间矩阵数据后，从发货点开始依次寻找下一个提卸货的行为，通过算法迭代找到下一个提卸货点。这个过程中会考虑到一系列的限制条件，比如提货必须在卸货之前完成、每次迭代的时候会去看时间窗是否满足、车辆的装载体积和重量是否满足车型限制、是否能换用别的成本更低的车辆来配送等。算法在尝试满足约束的大量可行解的过程中，快速收敛至相对最优解。迭代结束后，根据车次级的限制条件从备选方案中选择成本最低的方案作为最终的最优方案并输出。算法会优先寻找惩罚值最低的方案；惩罚值相同时，算法会输出车次数最少的方案。

3.3 工业人工智能的赋能系统案例

3.3.1 中国船舶工业集团的船舶智能运行与维护系统

在航运业持续低迷，运营成本居高不下的大背景下，智能船舶可以保障航行安全、提高运输效率，让船东"省钱、省力、省心"。然而，当前的航线规划、性能监控、主机监控、设备优化、能效管理和远程维护等功能系统都是相互独立的，各系统的数据独立而分散,缺少普适性的智能 Agent,没有统一的智能信息服务平台,造成各系统设备、线路、空间复用,资源利用率低,可扩展性差。

在国外,韩国智能船、欧洲无人船等智能船舶计划逐渐兴起并均处于实施阶段,这对我国船舶智能化的发展带来压力的同时也产生了难得的市场机遇与挑战,对于占据世界第一的造船大国和航运大国的中国而言,如何在发挥船舶制造与使用数据及产业链优势,构建船舶智能 Agent 和信息平台,制造出真正意义上的"无人自主船",抢占工业智能的制高点,是中国船舶业由"大"变"强"的关键所在。

第十个案例:基于 CPS 的船舶智能化解决方案。

国家工信部依据"十三五"国家科技创新专项规划,开展"智能船舶 1.0"研发专项工程。海洋智能技术中心(OITC)的"SOMS 个体解决方案"提出了基于 CPS 的船舶智能化解决方案,并在军民领域同步开展了实船应用实践,受到了市场用户和该领域专家的高度认可,并在此基础上承担了工信部"智能船舶1.0"重大专项中"智能系统总体设计和船舶智能信息平台""设备运行与维护智能系统"的研制任务,作为智能系统总体牵头单位,设计船舶智能化解决方案,构建智能 Agent,实现船舶智能化(见图 3 - 32)。

普通信息平台

| 信息平台 | = | 数据平台 | + | 通信平台 |

CPS为信息平台加入思维能力

| 信息平台 | + | CPS | = | 智能信息平台 |

智能信息平台需要体现智能、信息、平台 3 方面能力

| 智能信息平台 | = | 智能 | + | 信息 | + | 平台 |

智能信息平台为应用提供自主学习，自我生长的能力

| 智能应用 | + | 智能信息平台 | = | 自主学习，自我生长的高级智能应用 |

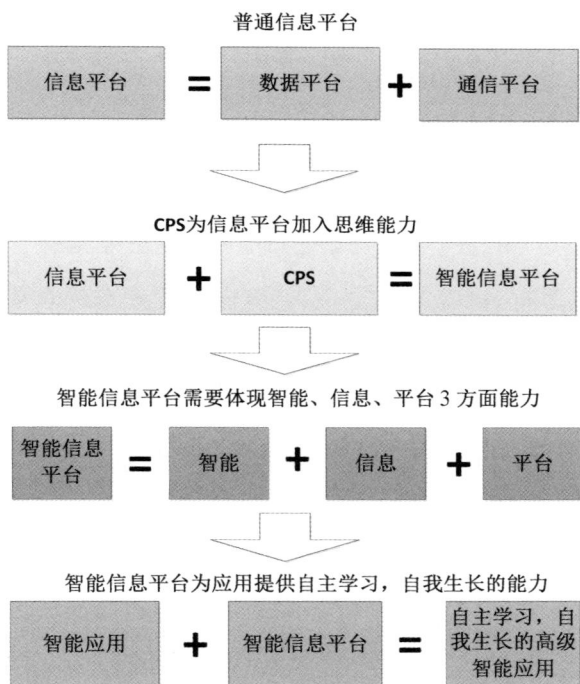

图 3 - 32　SOMS 智能 Agent 的平台能力构想

"SOMS 个体解决方案"主要针对船舶智能化所面临的以下几个方面问题开展研究：

（1）面向船舶智能应用的系统架构及兼容性，即能够面向船舶级、船队级、船东管理级应用，设计全新的智能系统架构，并具备各型国际船舶设备、系统与应用功能的兼容性。

（2）船舶智能决策的分层策略问题，即根据船东–船队–单

船-系统-设备,解决分层级的决策策略,包括各层级关联关系、包容关系、影响关系等研究。

（3）面向船舶航行的环境、对象、活动的自主分析与认知问题,即能通过智能核心技术,实现自感知、自记忆与自认知能力,逐步建立针对船舶全生命周期的智能分析与思维体系。

（4）面向船舶航行安全性、经济性以及节能减排等所需有限调度资源的机制与方法问题,即进一步实现自决策与自重构能力。

（5）能够适应于民船运行需求的智能信息平台开发,即解决实现船岸一体、多船相互之间的信息共享与成本约束等问题。

因此,SOMS 智能 Agent,作为"智能船舶 1.0"重大专项的核心组成,不能停留于单一的信息化和简单的智能化,而是要建设智能船的"思考能力",通过对 CPS 系统的应用和实践,实现船舶"自感知—自记忆—自认知—自决策—自重构"的核心能力。通过 SOMS 智能 Agent,令所有的船舶应用具备"自主学习的能力和自成长的空间",成为真正意义上的"智能"应用。

"SOMS 个体解决方案"通过该专项建设实践,站在全行业的高度上,以全局的视野来研究智能船舶系统的内涵、功能及关键技术,建立智能船舶系统总体技术架构,通过船舶智能化的感知、判断、分析,提供辅助决策,逐步实现全船信息集成与融合能力、智能思维能力和智能控制；并由单船的智能升级向全行业辐射，构建属于我国的智能船舶系统，培养智能系统自主创新能力，为智能船舶系统相关智能技术及产业提供指引，促进相关产业转型发展，提升中国船舶工业体系的综合竞争力。

作为中国最早开展 CPS 研究的船东之一，招商轮船在劳氏船级社的支持下，率先与中船集团签署战略合作协议，共同推进船舶智能化、航运管理智能化、岸海一体智能信息体系等方向的全面合作，并创造条件，推进"SOMS 群体解决方案"的实船试装与实践应用。

目前"SOMS 群体解决方案"已在招商轮船 VLOC、VLCC 等主力船型上开展了实船试装与测试工作，并取得了阶段性成果。

"SOMS 群体解决方案"是从船东管理活动的角度出发，在船舶智能 Agent 的基础上，利用多源监测、预诊断、趋势预测、性能优化、精确运行、自主保障、供应链管理等多领域专业知识，在北京数据认知中心利用 CCDS 对船舶工业大数据的进行挖掘与分析，对船舶当前及未来的状态进行定量化评估，并结合船队管理的决策活动需求，从而实现"精确设备"到"精确信息"的转变与应用，以智能信息服务平台为载体，为船东用户的使用、维修、管理等活动提供科学的决策支持，其系统应用示意图如图 3－33 所示。

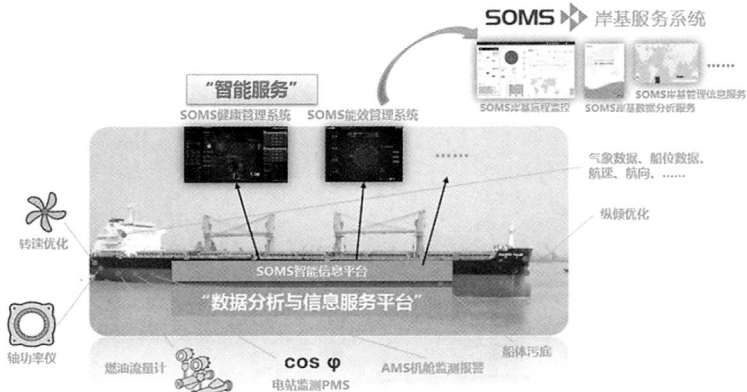

图 3 - 33 SOMS 系统应用示意图

"SOMS 群体解决方案"是通过船队的综合状态、环境与活动信息,以工业大数据分析为手段,构建以机器自主学习能力形成为目标的群体 CPS 应用体系。重点关注船队运行的安全性、经济性、高效性,目的是保障船舶安全、提高船舶能效,减少设备自身或人为因素造成的安全事故、燃油消耗,通过岸海一体服务能力,向船东用户提供从集控室、驾驶室到公司总部实现无缝信息交流与协同管理的可能性。

SOMS 系统已在三大主力船型安装应用,其中 6.4 万吨散货"明勇轮"作为全球首个搭载的定制版 SOMS 系统的远洋大型船舶,自 2015 年起已累计运行 10 080 小时,具有 18 个不同航段,其中健康管理和能效管理两大模块,实现了显著的油耗节省和"近零故障"（Near-Zero Breakdown），受到了船东的认可。

经过 4 年的研发和实践，"SOMS 船队级解决方案"取得了以下阶段性成果：

（1）在船舶智能化方面，整体实现了由概念设计到实船系统的巨大跨越，通过两型船舶的大胆尝试和不断完善，在智能船舶信息系统的设计与应用方面实现了国际上的引领。

（2）在船岸一体智能化方面，实现了工业大数据轻量化传输的国际先进技术突破及实船的应用验证，实现了岸海一体智能信息平台从架构到技术细节的工程化应用。

（3）在岸海信息服务系统方面，初步实现以定制化的船舶航行大数据分析为核心的信息服务模式与分析报告，实现了传统船队信息管理系统到数据驱动机器自主学习的 CPS 认知决策系统的升级。

在未来的规划中，"SOMS 社区 CPS 体系解决方案"还将结合船舶领域的应用需求，构建"装备端—CPS 云端—用户端"三位一体的船舶领域 CPS 系统知识体系，实现知识的挖掘、积累、组织、成长和应用。该体系主要由 CPS 云智能胶囊、CPS 数据分析与信息服务平台等核心部分组成（见图 3 - 34）。

通过以 CPS 系统为核心的智能化技术的体系性应用，将知识从核心生产要素转化为核心生产力，进而达成将产能优势

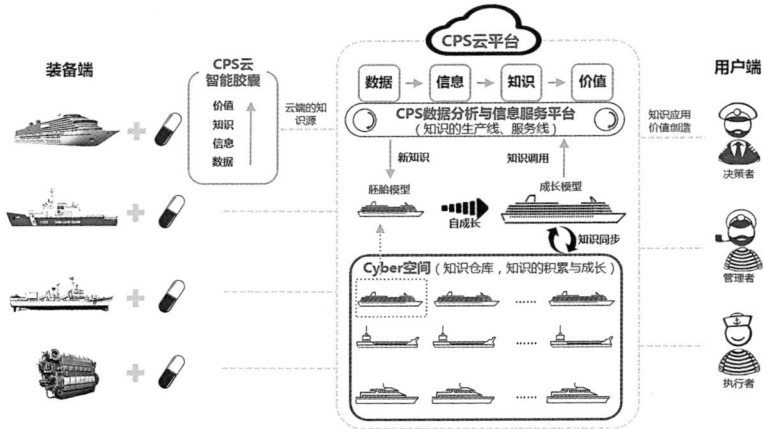

图 3-34 以 CPS 系统技术为核心的智慧海洋应用体系

转化为知识优势的能力,从价值链底端向顶端转移的能力,以及海洋领域军警民高效协同的能力,在海洋管控、海洋经济、海洋勘探、海洋执法等领域构建我国知识经济时代的重要保障,实现我国海洋领域寻找新经济增长点和军警民协同管控的双重任务。同时,进一步强化创新驱动,将实现海洋装备智能Agent 改造,分布式数据中心建设,集中式的认知决策中心建设,以及定制化的智能运营服务,进一步做大做强海洋信息服务产业,实现海洋新兴产业突破性发展,推动现代海洋服务业大发展,加快海洋传统产业升级,完善现代海洋产业体系,打造海洋经济升级版。

3.3.2　海上风场智慧运维系统

第十一个案例：海上风场智慧运维系统。

中国的风电行业在近十年来飞速发展，目前已经成为风电行业装机规模增速最快的国家。日趋激烈的风电市场竞争对风机的性能提出了更高的要求。风电装备制造商在降低成本方面进行了大量的努力，降低风机制造成本面临着越来越多的技术挑战。与之相对应的是，目前对风机的运维管理依然是比较粗放的模式，风机的诊断与健康管理仍不健全，运维管理效率也需大幅提升，这些都为研发智能化风机系统提供了很大的提升空间。基于风场的实际情况，风场智能运维系统研发的难点在于：① 风资源具有随机性，风速、风向及风能密度的变化为动态的非线性过程，对风速和风功率实现精准预测一直是学术界研究的热点；② 风场的选址多在偏远地区或者海上，维护工作复杂，经常会用到特殊设备，导致维护成本高昂，维护周期较长；③ 受风资源随机性的影响，不同风机传动系统的衰退程度、润滑状态、偏航齿轮条的磨损等也具有较大的差异性，传统的预防性维护很难在风场运维中奏效。

基于当前的风电发展现状和运维难点，整个风场智能运维需要实现的关键功能如下：① 风机及关键零部件的健康管理及衰退的精确化与透明化；② 风机及关键零部件的健康趋势分析及剩余寿命预测;③ 风机发电性能的实施评估,以及风场级别的风机性能排序;④ 基于风资源预测技术的风场智能调度管理;⑤ 基于风机及关键零部件性能预测的风场运维策略优化和资源调度。

智能风场健康管理和智能维护系统的核心,是对风机关键设备及子系统的健康状态进行评估,并根据风资源的预测来对风机的运维实现智能调度和排程优化。风机中的关键零部件较多,且运行工况多样,这就需要对系统的功能层级按照实现逻辑进行梳理和组织。基于 CPS 架构的 5C 技术体系,我们设计了如图 3-35 所示的智能风场 CPS 功能架构。

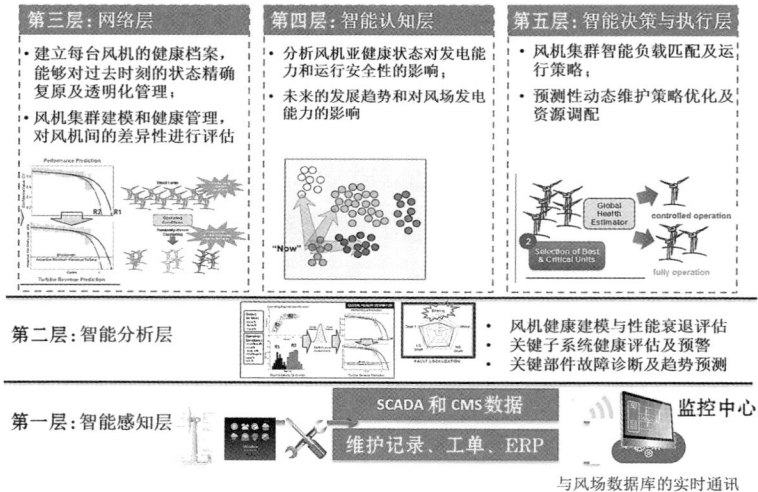

图 3-35　基于 CPS 架构的 5C 智能风场功能设计

风场是典型的多源异构数据环境,数据主要来自 SCADA (supervisory control and data acquisition)系统,和振动状态监控系统(condition monitoring system, CMS),这些信息源提供了环境信息、工况信息、控制参数、状态参数和部分关键零部件的振动信号等数据。其他的数据来源还包括电网调度信息、工单系统、人员管理及维护资源状态等信息。通过 IMS 中心 Watchdog Agent® 工具包所提供的大数据分析工具,综合分析上述数据来源,对风机进行建模分析和可视化处理,形成具有广泛适用性的风机性能评估、衰退预测和风场运维管理算法模块。

整个数据分析和建模实现的流程如图 3 - 36 所示,智能风场健康管理和运维系统的研发包括两个部分:对风机性能的预测性分析和对风场的动态运维优化。首先,通过对实时数据的分析,对当前的工作环境和风资源状况进行有效的模式识别,基于实时数据提取有效的健康特征来建立风机和关键零部件的健康模型,并对当前的风机衰退状态进行评估分析。基于对风机和关键零部件的衰退分析,可以进一步判断设备潜在的运行风险和可能的失效模式,并对剩余的有效寿命进行预测,从而最大限度地保证风机发电运行能力,并尽可能降低系统宕机时间,避免重大停机故障的发生。

智能风机系统的模块化设计使得系统的扩展性变得更强,

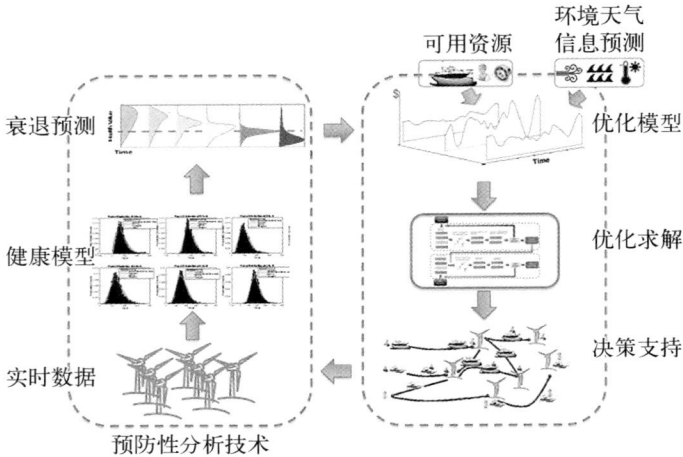

图 3 - 36　智能风场预测性分析与动态运维流程

比如在实现风机智能化升级的同时,部署云服务系统还可以为风场提供更多定制化服务,在对风机的实施数据进行分析处理之后,将相应的特征和模型上传到云服务平台上,实现统一管理和进一步分析。用户可以借助该平台实现对多个风场内任一风机的远程实时监控和历史性能变化追溯。

　　基于风机运行历史数据和基线模型(baseline model)为基础的比较性(comparison)是以数据为驱动的风机状态精确管理的实现手段。以不同数据的来源性作为参照会产生不同的比较维度和洞察,包括在时间维度上比较自身状态的变化,和在集群维度上比较与其他个体的差异性。

以自身历史数据作为来源在时间维度上比较自身状态的变化的方法为例,SCADA 数据中有很丰富的环境参数和状态参数,这些参数之间有很强的空间分布模式的相关性,这种相关性是非线性的,且某一参数变化时其他参数的变化响应速度也不同(例如转速上升时,振动最先变大,而温度的上升则很慢),因此用传统的物理建模手段很难进行精确的管理。在利用 SCADA 数据对风机进行健康管理和故障预测时,对数据驱动建模方法的特征提取部分做了改进,不再对每一组 SCADA 读数进行健康值计算,而是利用固定时间窗内的数据进行建模,再对两个模型进行差异对比,具体流程如图 3 - 37 所示。这样的建模方式所分析的并不是单个参数的统计或范围区间的模型,而是对参数

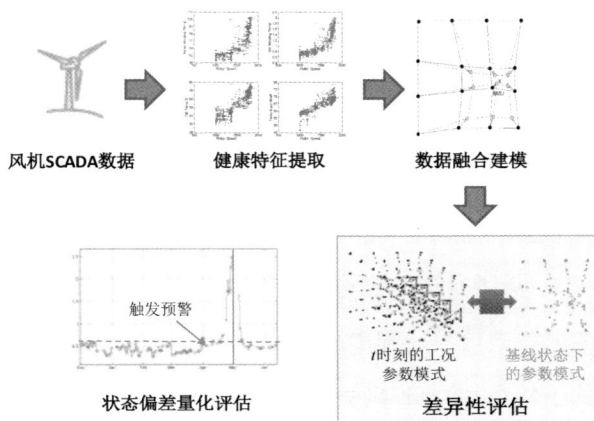

图 3 - 37　以风机历史数据作为来源性的状态评估方法

之间的关系性进行建模,当由于设备中某一个参数代表的部件状态发生变化,这种关系就会被打破,此时的模型与基线模型之间的差异就会变大,通过对这个差异性的量化评估和管理就能够达到评估风机健康状态的目的。

而当面临的问题过于复杂,且既没有基线模型也没有状态标签的情况下,机器学习建模几乎无从下手。在 IMS 中心曾有一个风场的案例,风场的业主积累了近百台风机 6 个月的 CMS 振动数据,每个风机上面有 8 个振动测点,每个测点每天采集 3 组振动数据,一共有超过 30 万个振动文件的数据量。但是与这些数据相关的背景信息却是完全存在的,包括传动链的设计参数、文件的状态标签,甚至是转速和功率等工况信息。这些数据中隐藏着一个有明确故障的风机数据,这台风机在这段时间内发生了齿轮箱的严重故障。如果靠有经验的振动分析师,分析这 30 万组振动数据的频谱,虽然也能够实现精确的判断,却要消耗难以想象的时间。在这个背景下,IMS 中心尝试使用了基于大数据和集群环境的认知建模方式,具体的过程如图 3 - 38 所示。首先,从所有振动信号的频谱关系挖掘中,发现了一个频繁出现的非整数倍数的频谱成分,根据经验,这很有可能是两个转速比的齿轮箱啮合频率成分。以其中一个频率为参考,对所有频谱成分进行正交化后,提取了超过 200 个与健康状态可能

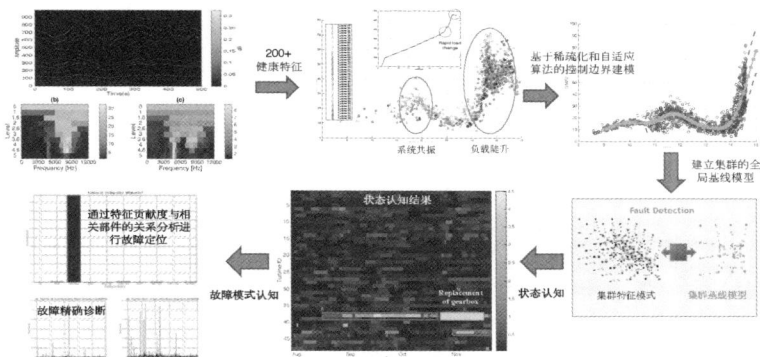

图 3 - 38　基于认知模型的知识挖掘和状态评估

相关的特征。随后,对这些状态特征的空间分布关系进行画像,
它们的非线性分布关系能够与传动链的动力学特征和工况特征
相关联,因此应该是有效的健康特征。再进一步对这些特征进
行去关联化和稀疏化后,建立了整个风机集群的基线状态模型。
随后,以这个集群基线状态与每一个风机进行单独的比较,在把
它们的差异程度用色温图表示后,能够清楚地看到第 39 号风机
的差异性明显高于其他风机,因此确定它就是发生了齿轮箱故
障的,且这个差异性在造成停机的两个月之前就已经存在;进一
步的贡献度分析和故障模式识别将故障定位在了齿轮箱的高速
轴失衡的模式上。经过这个流程之后,通过认知建模的方式从
大数据环境中挖掘出了新的知识,并利用这个知识发现了原本
未知的问题。

对风场的动态运维优化需要在对每个风机的健康状态准确评估的基础上,综合当前的风机健康信息、环境信息和维护资源信息等,对风场的维护决策进行优化。风资源的预测也是风机排程优化的重要依据,对风机的维护应尽可能选择在风资源较弱的时段进行维护,以降低发电损失及停机维修造成的损失。IMS 中心与上海电气集团中央研究院合作,开发了海上风场中短期运维计划排程的优化模型,该模型立足风场的实际情况设计优化模型及多种非线性约束,以保证最大限度地模拟维修调度现场的实际操作情况从而给出优化决策建议。

针对海上风场维修任务的特点,优化模型充分考虑船只、天气、维修人员、维修次序、风机健康状况、航行费用等因素,建立了海上风场维护排程优化的通用模型。针对每个维修任务,可以从多个可用的维修团队中选择多个可用的维修船只来进行维修,这增加了系统维修排程的灵活性,有利于降低成本,但是此举也扩大了可行解的搜索范围,使得优化问题变得更加复杂,以至于用优化求解软件如 MATLAB Optimization Toolbox 和 Gurobi 等已经难以在合理时间内求解。根据遗传算法的思想,IMS 中心设计了一种适合解决海上风场运维优化的推演模型的双层遗传算法模型,该算法拓展性强,计算能力明显优于商用优化软件,在处理风场智能调度问题上具有较强的优越性。所开发的智能风场运维系统界面如图 3 - 39 所示,包含优化决策可视化输出、优化决策成本对比、维护费用透视和历史费用溯源分析 4 个模块,可以方便地为用户提供智能维护排程决策支持。以某海上风场 17 个维护任务为例进行维护排程优化,优化后的智能排程计划在执行推演中的预测成本比无优化维护排程计划的预测成本降低了 25% 以上,明显提升了风场运维效益。

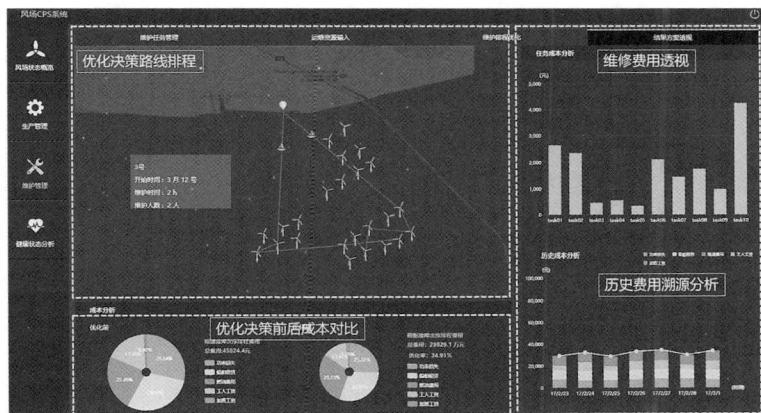

图 3 - 39　智能风场运维系统可视化界面

风场智能运维系统的部署方式也可以是灵活多样的,既可以在风场本地进行部署,也可以将故障预警、振动分析和维护排程优化等系统分别部署在云平台上,供客户以 SaaS 服务的方式进行订阅。协合新能源是国内领先的风电运营企业,率先与微软展开合作,将风电运行数据实时上传至 Azure 云平台,并开发了 PowerPlus 系统对风电的运维数据进行分析和决策支持。图 3－40 介绍了不同的部署方式背后的技术架构以及所调用的云平台功能组件的区别。灵活化的部署形式可以满足不同用户定制化的需求,尤其是对中小型风电运营企业而言,新技术导入的边际成本可以被明显降低。

图 3－40　风场智能运维系统的公有云部署和风场本地部署架构

3.3.3　智慧轨道交通预测性维护系统

中国高速铁路在过去十年间连续保持高速增长。截止 2017 年底,中国高铁的总长度已经达到 2.5 万千米,全国铁路拥有动车组 2 935 列。"十三五"期间,我国高速铁路仍将保持快速发展,高速铁路网也将从"四纵四横"进一步扩展至"八纵八横",高速铁路营业里程达到 3 万千米。中车青岛四方机车车辆股份有限公司(以下简称"中车青岛四方")是中国主要的高速动车组整车生产厂商之一。

作为转向架系统的关键旋转部件,轴箱轴承是高铁动车组核心部件之一,其健康状态关系着整列动车的运行安全。我们与中车青岛四方合作,开展了高铁轴箱轴承的故障预测与健康管理(PHM)系统研究,实现对高铁运行状态进行实时监测,并对可能出现的轴承故障预警诊断,避免列车重大运行安全隐患,提高高铁运行安全性。

第十二个案例:高铁轴箱轴承的故障预测和健康管理系统。

轴箱轴承 PHM 原型系统基于 CPS 的 5C 技术架构搭建而成,技术方案整体架构如图 3-41 所示。最底层是列车轴承信号采集和边缘侧计算,对应智能感知层(Connection)和智能分析层(Conversion)。在车载边缘计算平台上,多通道振动信号统一汇集,并进行初步的特征提取、筛选、分类和优先级排列,提升数据的可解读性;同时该平台也负责与地面数据中心的通信,将分析结果实时传输回地面中心。在地面中心的集控平台上,通过对高铁轴承的镜像模型实现了进行高铁集群健康状态的实时监测,对应网络层(Cyber)。最后,模型预测结果通过与其他信息系统的整合(例如工单、ERP 和 EAM 等系统),实现了数据的可视化呈现与运维决策闭环,对应智能认知层(Cognition)和智能决策层(Configuration)。另外,值得一提的是,在这个平台上,随着轴承专家对模型结果的分析和运维人员的反馈,新知识不断被产生,整个工业系统的价值也不断被强化。

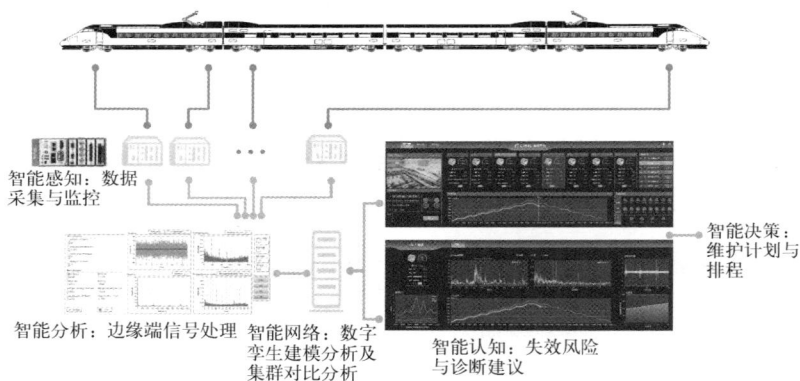

图 3 - 41   基于 CPS 的 5C 技术架构的轴箱轴承 PHM 系统

在这个场景中,共有 3 个核心技术点:轴箱轴承故障诊断和预测、多源混合信号的高速并发采集和列车边缘端计算。

(1)轴箱轴承故障诊断和预测:在对轴箱轴承建模时,采用了机理模型与数据驱动结合的建模方法(见图 3 - 42)。一方面,基于对轴承这一类常见旋转机械的机理分析,提取潜在故障频带特征;另一方面,基于 ERP/MRO 系统中积累的故障标签,通

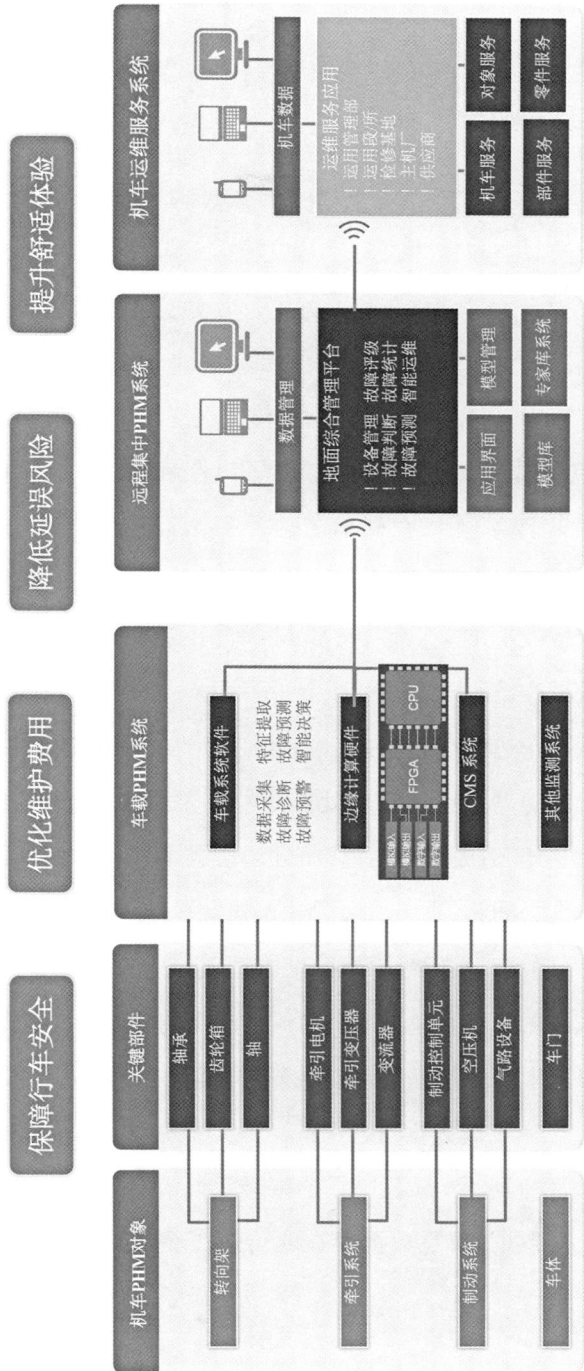

图 3 - 42 高铁轴箱轴承故障预测与健康管理系统组成

过机器学习的方法训练故障检测和分类模型,实现对轴承健康风险的量化和故障诊断。

(2)多源混合信号的高速并发采集:为实现对轴箱轴承故障的精准定位和识别,需要采集(采样率达 25.6 kHz)全面的列车运行与部件数据,包括振动、转速、温度信号等。由于采集数据量大,为避免采集过多无效信号,采用了事件触发与定时采集结合的数据采集策略,即仅在列车在运行工况变化或进入特定转速或达到特定时间点时采集短暂的高频信号。这样的数采策略既保证了分析数据的全面性,又极大降低了边缘端数据采集设备和云端数据存储的压力。

(3)高铁列车边缘端计算:在高铁的场景中,如果将所有数据传递到云端服务器进行运算和处理是非常不现实的,不仅是传输带宽受限、可能造成数据延迟,而且通信成本和存储成本过高。为了解决这个问题,我们采用了分布式计算的架构,在列车部署了边缘计算节点,实现对原始数据快速直接的特征提取,提升传回云端数据的分析价值。在这个项目,我们针对每个通道的振动信号提取十余个特征,将百兆级的原始数据转化为每 20 秒推送一次的千字节级数据,极大提升了系统效率。在一个分布式的系统中,我们常常说的是"数据传递",但实际上被传递信息的本质并不是数据,而是数据内在的价值。在数据量爆炸式增长时,采用这种价值传递的思维方式,可以为系统的扩展和提效提供广泛的可能性。

最终的轴箱轴承 PHM 原型系统包括以下两个核心功能:轴承健康状况在线监测和边缘端远程配置管理。

(1)轴承健康状况在线监测:通过对轴承运行数据的实时采集与分析,用户可以远程监测列车轴箱轴承的运行状态和健康衰退情况,并通过 PHM 模型诊断具体故障模式(内圈、外圈、滚子和保持架),为运维提供支持。

(2)边缘端远程配置管理:为了应对系统广泛投运之后边缘端数据采集策略和模型更新的挑战,本系统提供了边缘端硬件的远程配置功能。新版模型在优化完成后,可一键部署至全部列车组;同时用户也可针对疑似故障车组远程触发原始数据采集和回传。

高铁动车组的轴箱轴承 PHM 系统需要提供可以支持决策的闭环,这意味着它提供的信息将产生可操作的洞察。优化工具从预测模型和同行学习模型中获取预测信息,并输出最佳维修计划、最佳备件库存数量,并将任务分配给合适的人员。优化算法和求解器是一个比较成熟的领域,但是对维护任务、资源和 PHM 系统的输出进行数学建模仍然是一项复杂的工程,需要将许多规范和细节考虑在内。

决策支持任务通常被形式化为一个随机优化问题。成本功能将奖励资产的可用性和功能,同时惩罚资产停机时间。优化问题可以通过遗传算法等元启发式算法来解决。优化问题求解的挑战往往是成本函数的构造和计算效率,且基于仿真的优化方法计算成本高、耗时长。算法效率将真正赋予用户近乎实时的决策能力(以秒为单位),而不必等到优化过程完成后的数小时之后。

在这个系统的支持下,将有望实现高铁轴箱轴承从事后维修(解决问题)向预测性维护(避免问题)的转型。地面控制中心的调度人员可以对列车轴承故障实时监测分析,为列车保驾护航;列车运维人员也可以结合模型分析结果制定更优化的运维策略,提升轴承维护的精度和效率(见图3-43)。

经过近两年的研发和测试,这一套系统已在整车滚动综合性能试验台和测试环线上进行了验证,对轴承故障识别的精准率超过90%,并积累了20余种故障树以进一步管理预测结果的不确定性,指导运维闭环。中车青岛四方开发的高铁轴箱轴承预测性维护解决方案在2018年NI Week上获得"Intel Internet of Things Award",并入选工信部人工智能与实体经济深度融合创新项目。

可以预想,轴箱轴承智能健康管理的率先实施只是高铁智

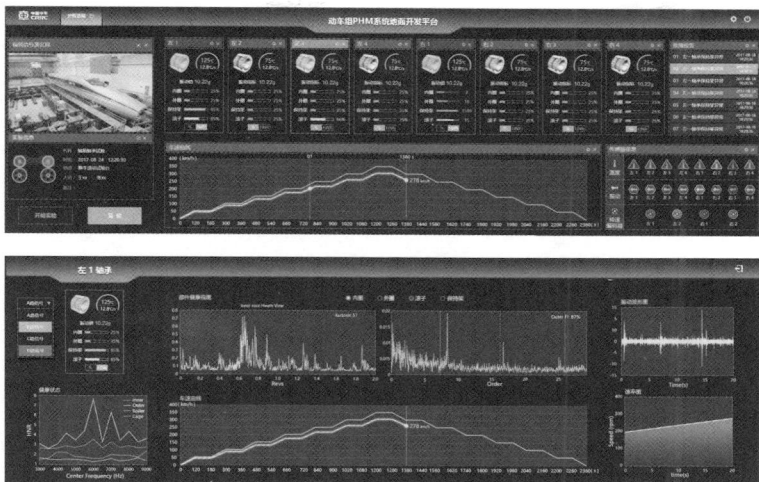

图 3 - 43 高铁轴箱轴承故障预测与健康管理系统可视化界面

能化运维的第一步,之后,将由点及面、逐步扩展,对转向架系统、牵引系统、制动系统、车体系统、门系统等实现预测性维护,最终实现高铁的无忧运行,为乘客提供更安全、更绿色、更舒适的乘车体验。

第 4 章
如何建立工业人工智能的技术与能力

4.1　工业智能化转型的基础能力成熟度评价

准备导入工业人工智能技术和应用的企业,则要对自身的基础能力成熟度水平有清晰的判断。企业应该对自身的技术成熟度定期进行评估,以评估向智能化转型的成熟度。成熟度模型是对现有生产系统进行描述的重要工具。成熟度一般可以被定义为事物发展的状态,意味着从最初阶段到立项阶段的演变过程。目前在工业智能领域尚未有通用的衡量标准出现。现有的成熟度衡量标准通常是对信息化程度的衡量,虽然未涉及智能化的程度,但是,信息化是智能化的前提之一,信息化的成熟度评估对智能化的实现有着重要意义。这里简要介绍 3 种衡量企业信息化程度的方法,为企业智能化转型提供基础判断方法。

1. DREAMY 模型(digital readiness assessment maturity model)

衡量信息化成熟度的 DREAMY 模型的主要目标有两个:一

是评估制造企业开始信息化转型的准备就绪程度,二是要识别制造企业的优势、劣势和机会,由此设计一个信息化的路线图。具体阶段如表 4 - 1 所示。

表 4 - 1　DREAMY 模型成熟阶段

成熟阶段 1: 初始	在初始阶段,企业不具备流程控制,或者控制得很差。流程管理是被动的,没有适当的组织与技术来构建信息化的可重复/可用/可扩展的基础设施,即系统洞察不可传承
成熟阶段 2: 管理	在管理阶段,企业流程被部分计划和实施。由于缺乏合适的组织和技术,流程管理薄弱。很多决策大都由规划者的经验驱动,管理的基础设施发展部分成熟
成熟阶段 3: 定义	在定义阶段,流程是通过规划并结合实践经验和管理程序来确定的,但整个系统缺乏信息的整合与互通
成熟阶段 4: 整合且互操作性强	在该阶段,流程是建立在不同应用的信息交换、整合和互操作的基础上;同时,企业实际流程与计划流程的吻合度高。这种管理流程的建立是基于企业内的标准或者行业标准
成熟阶段 5: 数字导向	在该阶段,流程是数字驱动的,并且是建立在坚实的技术基础设施上的。这类基础设施支持高速、强健、安全的信息交换来支持企业的快速决策

如果决定采用 DREAMY 模型来对企业的数字化程度进行评估,那么需要识别相关的制造运营流程。通常来说,制造运营流程分为 5 个主要部分:① 设计和工程;② 生产管理;③ 质量管理;④ 维护管理;⑤ 物流管理。每个部分都可以视为一个独

立的模块,针对不同的企业,可以根据其特定情况按照需要添加或删除需要考虑的领域。此外,在评估公司能力时,人员技能应被视为另一个分析维度,这是因为部署智能制造系统需要专业技能。

2. 智能制造系统准备水平

智能制造系统准备水平(smart manufacturing system readiness assessment level, SMSRL)是衡量制造企业是否具备智能化条件的指标。这种方法定义的智能化,本质上是密集使用信息和通信技术来提高制造系统性能。SMSRL 关注的是企业引入信息化系统软件/平台的成熟度,如供应链管理,企业资源计划,数字制造,产品生命周期管理和制造执行系统等。SMSRL 关注的是生产力改善的成熟度、信息化软件的支持程度和信息共享能力的成熟度。

3. 生产系统成熟度

生产系统成熟度(manufacturing operations management, MOM)的目的是评估制造企业生产设施的总体情况,确定制造业务管理的政策、程序和执行的组织性,可靠性和可重复性。MOM 没有提供生产复杂度的度量,而是提供流程化运行能力的度量,特别是对异常事件的反应能力。MOM 侧重于 4 个主要过程领域:① 生产运营管理;② 库存管理;③ 质量测试运营管理;

④ 维护运营管理。

每个过程领域由多个活动组成：排期,调度,执行管理,资源管理,定义管理,数据收集,跟踪和性能分析。每个活动具有从 0 级到 5 级的成熟度级别。成熟度级别表征如表 4-2 所示。

表 4-2 成熟度级别表征

第 0 级	没有评估方法
第 1 级	企业运营活动在初级阶段,没有文档记录或者正式的管理
第 2 级	企业运营活动在正常情况下会被记录并且制造执行结果是可重复的
第 3 级	企业运营活动有书面标准定义,并且其执行可能有软件工具支持,能够很好地处理非预期的异常事件
第 4 级	企业运营活动在所有组织层级中被定义并且有相关文档记录,执行的可重复性高,并且运营活动由软件系统监控
第 5 级	企业运营活动聚焦于持续的改善与优化

成熟度越高,组织效率越高,制造运营管理层面的问题就越少。成熟度水平还可以应用于不同方面,如角色和责任,继任计划和备份,政策和程序,技术和工具,培训,信息集成和 KPI。该模型的缺点是需要用户回答 832 个问题才能完成,并且缺乏基于结果的改进策略。但是,该模型可以提供与其他行业相比较的基准,并有助于了解需要在哪些方面进行改进。

以上这 3 种方法都需用户对一系列问题作答,通过每道题的分数以及最后的总分来衡量企业的信息化成熟度。在工业智能领域，需要类似的工具与方法，将企业信息化成熟度与智能化成熟度的评估融合，综合评估企业的智能化转型阶段，为企业决策提供实证依据。

在富士康科技集团内部，我们也建立了一套评价方法来衡量制造系统的智能化程度，分别从工业智能化的 DT、PT、AT 和 OT 4 个技术维度进行评价。工业人工智能若能落地，首先，需透过传感器、控制器等系统来采集生产过程中的实时数据，并结合工业物联网的机制，有效地展开工业人工智能的基础建设。工业数据是做智能化制造基础信息的依据，有了质量好的数据集，才能运用实时的数据监控及大数据分析技术，优化生产环境的资源配置及预测设备的健康度，以提高工厂端风险控管的透明度与性能，最终达到零故障、无忧生产和最佳的智能目标。当管理层领导在为工厂进行转型时，技术固然重要，但能够评价自身的不足且优化资源分配策略，才能"知不足，然后能自反也；知困，然后能自强也"。

针对 DT、AT 和 OT 提出的一套工业人工智能成熟度评量标准，可以衡量导入工业人工智能的进度，并利用雷达图评价六流（人员流、物料流、过程流、技术流、资金流、数据流），其得分计算可用来衡量各个生产线导入状况，如图 4-1 所示。

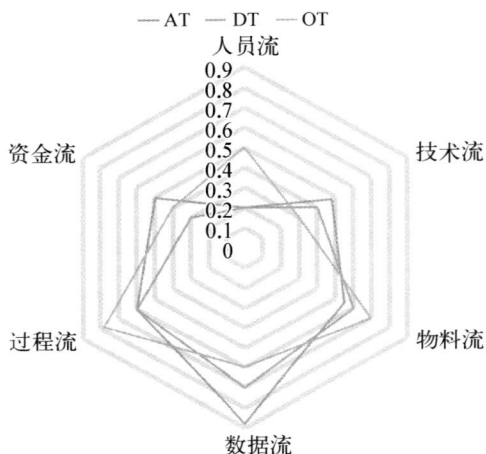

图 4 - 1　六流雷达图

DT 的成熟度,取决于迈向智能制造的关键因子。智能制造的基本思路为利用生产过程中所采集的工业数据,利用工业人工智能的技术来实现智能化设计、生产以及服务决策。因此,数据的采集,与后续的数据分析、建模、提升良率和改善效率,以及实现智能制造的发展程度相关。数据采集的成熟度评估可分成 4 个阶段,从尚未采集相关数据开始,直至发展为可根据自动采集数据并透过所建立的关联性模型自动修改机台参数的阶段。采集关键、有效和良好质量的数据是解决问题的核心,然而,AT的目的是通过数据解决问题和避免问题的产生,或者是达到预防的效果。因此,在分析建模前,需经过数据的清洗、特征提取等前置作业,是耗费时间最长、也是相当重要的一环。

AT 的成熟度评估可分成 5 个阶段(见图 4－2)。从最初工程人员的现场经验及传承的知识解决问题的经验法则,发展到可自我产生知识能够自主评估模型状态,并自主学习、更新、修正模型。根据不同的需求,使用不同的工具进行分析,必要时,则需透过 PT 和 DT 的技术来整合并采集多方的数据源,优化模型的准确率或可解释性。

OT 是实现对工厂端的人、机、料、法、环、体系、流程等方面的全面管控,其目的为实现从经验驱动生产面向数据驱动生产的转变且覆盖各个层面。工业知识会累积与传递,将人的隐性知识转化为机器语言,成为一种可执行的知识体系。其本质为一种管理手段并搭配相对应的硬件与软件,对工厂的生产运营、设备运转等进行控制,从而满足工厂的经济指标并完成产品交付至客户满意。

信息化是智能化的前提之一,信息化对能够实现智能化有着重要意义,将运营技术成熟度评估分成 4 个阶段,分别从营运人员的经验法则发展至智能化。在 PT、DT 及 AT 的基础上,实现智能模型以优化资源调度及流程,并辅助运营策略及管理方法的智能化,为企业智能化转型提供基础判断方法。

在工业智能领域,透过 DT、AT、OT 的成熟度衡量工具(见图

4－2)的融合与综合评估转型阶段,来讨论发展工业人工智能的程度,为企业决策层提供实证依据并持续优化,更能辅助企业将资源精确投入于需要之处。

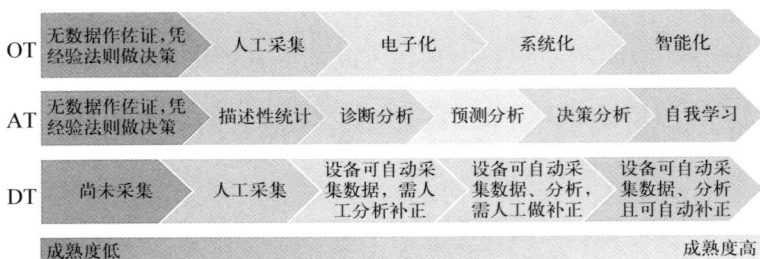

OT	无数据作佐证,凭经验法则做决策	人工采集	电子化	系统化	智能化
AT	无数据作佐证,凭经验法则做决策	描述性统计	诊断分析	预测分析	决策分析	自我学习
DT	尚未采集	人工采集	设备可自动采集数据,需人工分析补正	设备可自动采集数据、分析,需人工做补正	设备可自动采集数据、分析且可自动补正

成熟度低　　　　　　　　　　　　　　　　　　　　成熟度高

图4－2　工业人工智能关键技术成熟度衡量

在富士康科技集团内部,我们使用如图4－3所示的模型来评估内部的工业人工智能推进状况,从人才(talents)、技术(technology)和工具(tools)3个维度来评价。在人才的能力方面,我们划分为"找数据""用数据""用工具""找洞察"和"改变现场"5个方面的能力,从项目到系统循序渐进;在生产系统的技术方面,用CPS的5C架构评价系统建设的完整度;在管理系统与管理文化方面,我们希望改变以往基于经验的管理方式,逐步向基于IT系统、数据驱动(data-driven)、实时远程资源整合(real-time)和基于预测的智能管理(predictive & evidence-based)演进。

图 4 - 3　富士康科技集团内部使用的工业人工智能推进评估模型

4.2　全球性工业人工智能企业转型成果评价工具

上一节介绍了 3 种衡量企业信息化基础能力成熟度的方法,为企业转型提供基础判断的依据。目前制造业在智能化水平的衡量尚未出现一套标准化转型成熟度评价方法,但国际间有两套知名的工业智能成熟度衡量工具,一个是由新加坡 EDB 经济发展局与 TÜV 南德意志集团共同为企业转型而开发的工业 4.0 衡量工具;另一个是由 WEF 世界经济论坛组织和麦肯锡合作提出的一套智能工厂成熟度评价系统。其中世界经济论坛组织选用此系统为国际间的制造产业做企业评估,并层层筛选

233

出优秀的模范智能制造工厂,成为全球工业4.0成功转型典范。这里简要介绍这两种国际间的智能制造企业成熟度评估工具,为企业智能化转型提供更多元的判断方法。

1. 新加坡智能工业成熟度评估

新加坡智能工业成熟度评估(smart industry readiness index,SIRI)由新加坡 EDB 经济发展局与 TÜV 南德意志集团共同开发,并经过专家顾问小组验证。它是世界上第一个由政府为企业转型而开发的工业4.0评价工具。此评价工具将帮助公司确立从哪个阶段展开和如何扩展工业转型,以及持续努力的方向。根据新加坡智能工业成熟度评估,如图4-4所示,评估构架由3大核心组成:过程,科技和组织。3大核心可划分出8项关键类别,并映像到16个评价维度。公司可以使用这些维度来评价自

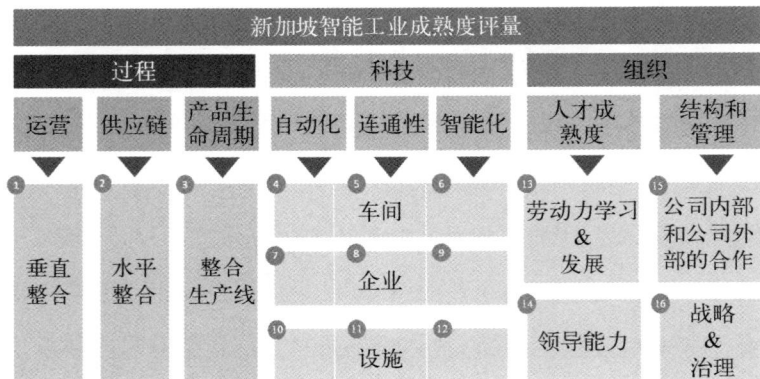

图4-4 新加坡智能工业成熟度评估

234

已在迈向工业 4.0 所处的阶段。

在工业 4.0 背景下,过程变革层面不再只专注于降低成本、缩短产品上市时间的过程改进。过程概念已经扩展为公司运营、供应链、产品生命周期的过程集成。运营层面的变革成熟度取决于公司是否采用新科技和方法,更快速地实现以最低的成本将原材料和劳动力转化为商品和服务。供应链的变革即传统的供应链模型越来越数字化,通过供应链装载的传感器收集关键数据,并连接中央数据中心进行分析及管理。产品生命周期的变革,即聚集数据、过程、业务系统和人员在一起,创建一个可以数字化管理的统一信息平台,通过数位化平台更有效地进行监控或为决策者提供管理决策。

科技变革层面,通过云计算、机器学习和物联网等科技建构一个集物理资产、设备及企业系统紧密连接的智能化工业环境,实现持续反馈和动态数据分析,此系统能使公司更加灵活和敏捷。科技变革评价分为 3 个类别:自动化、连通性和智能化。自动化即应用自动化科技来进行监控、管制并执行与产品和服务相关的生产与交付。其制造过程比以往更有弹性,才能应对多样少量的小批量生产需求和依需求决定产量的生产规划。连通性即为衡量设备、机器和电脑计算系统之间的互联状态,实现设备间的信息交换及沟通。智能化意味着透过云和数据分析技术处理大量且即时性的数据,并归纳出可供后续操作的决策建议,以达到问题诊断的目的,从而了解改进的机会。通过机器学习,智能系统能提前预测设备故障和需求模式的变化。面对不断变化的内部和外部业务需求,智能系统甚至能自主地做出决策。

组织结构层面,公司必须调整其组织结构和沟通过程,将工业4.0的变革使命传达至整个员工队伍,使其跟上变革的步伐。第一个关键是组织的人员组成。第二个关键是组织的运作方式。随着组织采用更扁平的结构,公司需建立一支不断学习和发展的灵活团队,这变得至关重要。组织需要更着重分权管理,将权力中心往下移,提高决策民主化和决策效率,并通过信息共享,与内部和外部合作伙伴之间创造更多合作机会。

公司可以使用16个维度来评价其在工业4.0变革过程中所处的状态,如表4-3所示,可通过每个维度来检查当前的过程、科技及组织。

表4-3　新加坡智能工业成熟度评估十六维度说明

维度1	过程——垂直整合	通过数字化管理,串联工厂内所有层级的过程和系统,建立端到端数据线程
维度2	过程——水平整合	指组织内的过程与组织外的利益相关者的整合

（续表）

维度 3	过程——整合生产线	在整个产品生命周期中集成了人员、过程及系统
维度 4～6	科技——车间及企业及设施的自动化	在车间、企业及工厂层，评估自动化的程度和灵活性，以及跨多个系统的集成程度
维度 7～9	科技——车间及企业及设施的连接性	评估驻留在车间、企业和设施层中的设备、机器及系统之间的连接程度
维度 10～12	科技——车间及企业及设施的智能	在车间、企业及工厂层的系统可识别和诊断任何偏差并适应不断变化的需求
维度 13	组织——劳动力学习与发展	培养劳动力的能力及技能，旨在建立一个卓越的组织
维度 14	组织——领导能力	组织核心管理层采用最新的概念和科技来保持公司的竞争力
维度 15	组织——公司内部和公司外部合作	内部和外部合作伙伴之间共同合作的过程，携手实现共同的愿景和目标
维度 16	组织——战略与治理	组织设计行动计划并执行其计划，借此实现一系列长期目标

新加坡智能工业成熟度评估为公司启动工业 4.0 转型提供了系统化的评估方法。身为企业管理层，重视的应是智能制造转型的方向，转型的时机以及转型的程度。各公司的 3 大核心组成，8 大关键类别和 16 个维度的相对重要性虽然不会相同，但

该成熟度评估可提供一种共同语言,公司皆能使用此评价工具来促进公司内部的协调及公司外部的合作创新。

2. 世界经济论坛组织智能工厂成熟度评价

世界经济论坛组织为一个以基金会形式成立的非营利组织,成立于 1971 年,总部设在瑞士日内瓦州科洛尼。每年世界经济论坛大会聚集全球工商、政治、学术、媒体等领域的领袖人物,讨论世界所面临最紧迫问题。2017 年论坛的主题为第四次制造业工业革命,并由该组织和麦肯锡合作研究提出一套智能工厂成熟度评价系统,借此评选出符合第四次工业革命(4th industrial revolution)的全球模范工厂。

根据世界经济论坛智能工厂成熟度评价,如图 4 - 5 所示,分析工厂变革的成熟度可由 4 个类别的项目来做评分:技术运用,变革案例,影响效益和促成因素。每个项目的成熟度皆分为 3 个层级:初等层级、发展层级和进阶层级。符合进阶层级的项目越多,则该工厂越符合世界经济论坛第四次工业革命模范工厂的标准,并成为全球的变革先驱和优秀企业典范。

首先,在技术评价层面将会检视该工厂是否采用一套智能技术平台来辅佐生产和监控。通过智能系统可即时追踪生产线状态,并汇集巨量数据,进行数据分析或提供决策建议等。如该工厂未开发或未采用智能技术平台监控生产线状态,此项目将

	维度	成熟度		
		初等层级	发展层级	进阶层级
影响	财务影响	<10%	10%~30%	>30%
	运营影响	稍微有变化		与现状相比有显著的变化
案例	变革案例数量	1	2~3	≥4
	案例运用场景范围	仅在示范区域采用4IR变革案例	在工厂的特定区域采用4IR变革案例	在工厂所有相关的区域采用4IR变革案例
技术	4IR技术平台	未专注在技术平台的可扩展性		可扩展的技术平台,可采用多项4IR技术
	采用4IR技术的数量	1	2	≥3
促成因素	组织结构和管理方式	不明确的所有权和资源分配	基于项目的资源分配	有专业的专家团队,清楚的所有权及明确的管理方式
	人才和能力	无工业4.0的人才	有工业4.0人才管理系统	非传统的人才管理系统,并有体验式培训课程与认证
	工程开发方式	瀑布流开发模式	敏捷式开发模式	频繁迭代的敏捷式开发模式
	社群系统	无工业4.0社群	公司内部有工业4.0社群	公司内外部有跨组织的工业4.0社群,例如产学合作
	管理和沟通	高层领导的参与很少,没有激励措施	传达变革故事,绩效管理到位	具有明确的变革故事,最高领导者作为榜样,且设立明确的绩效管理和奖励机制
	文件归档	中央生产系统未做文件归档	中央生产系统有做文件归档	完整地生产系统记录,易于取得文件并定期维护更新

图4-5 世界经济论坛智能工厂成熟度评量

获得较低的成熟度分数。如该工厂运用智能技术平台来进行监控、预测、警示、分析、决策建议等,此项目将获得较高的成熟度分数。

其次,在案例评价层面将会检视该工厂是否采用多项变革,通过变革项目的数量及场景属性来给予评分。工厂进行的变革项目越多,获得的成熟度分数越高;且需考虑该项目的执行场域,如变革项目仅在示范生产线做测试,将获得较低的成熟度分数;如变革项目运用在实际生产线,将获得较高的成熟度分数。以下提供一些工厂变革项目以供参考,包括但不限于通过音频、温度、机器震动监测等方式进行预测性维护,通过传感器分析来达成复杂运作的成本优化,零组件的实时定位系统,通过混合实境达到数字化标准工作,采用一套整合系统平台来达到远程监控及生产优化,采用机器警报系统进行自动化的物流运营决策等。

再次,在影响评价层面将审视实施变革技术后,该生产线或工厂的营运和财务状态是否有大幅度改善,例如成本降低、库存减少、质量提升、效益增加等。

最后,促成因素层面将会评价组织的多个项目,包含组织结构、组织管理方式、人才培育、工程开发方式、社群系统、组织沟通、文件归档等,并给予成熟度评分。变革初期的工厂可能尚未有清晰的组织变革构架,未有工业 4.0 相关人才及培训制度,变革行动仅在组织的管理阶层做讨论,且未建立文件归档。相反地,变革成熟度高的工厂则具备清晰的组织变革构架,有完整的工业 4.0 人才培训制度,变革文化要做到由上至下地建立有效沟通,清楚每个组织成员的定位和目标,采用不断迭代的敏捷式开发系统与持续改善,并完整的生产记录及系统化归档等。

以上这两种方法都对企业或组织进行了全面的评估及给分,包含运营、供应链、车间、人才、科技、管理方式等方面。企业或组织可通过评估了解其所属工业转型的具体阶段,各方面的转型成熟度以及可改善的方向,进而为决策者对智能制造转型的判断提供依据。如果企业立即展开智能制造转型行动,无论公司的规模或性质如何,都将从工业 4.0 转型中受益。

4.3　工业企业如何构建智能化转型的组织能力

真正的数字化转型不只局限于新技术的应用与实施,还需要企业的战略、人才、组织模式以及商业模式的协同转变。当组织模式在追求数字化转型时,面临的最大的挑战便是寻找、培训和留住合适的人才。根据全球领先人才社区 LinkedIn 的《中美 AI 人才报告》,转型数据技术驱动的企业之间的竞争将最终升级为核心人才的竞争(见图 4 - 6)。企业在越来越重视核心人才引用的同时也面临着巨大的成本压力,根据著名人力咨询公司美世的报告,大数据、人工智能等先进技术的核心人才的薪资水平远高于传统的 IT 人才,尤其是在工业大数据领域更为突出;同时懂得工程领域行业知识和人工智能的人才匮乏,导致了目前工业大数据人才招不到、招不起、留不住的困境。在德勤《全球制造业竞争力指数》提出的六大制造业竞争驱动因素中,人才是公认的最重要的因素之一。早在 2015 年 CSDN 的一份报告中,人才的缺乏甚至已经成为掣肘公司重大数据相关战略的首要因素。高技能人才可以对一个国家的整

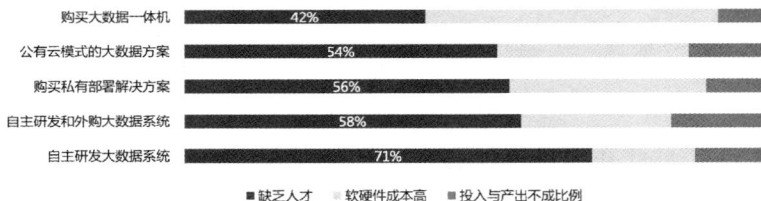

图 4 - 6 《中美 AI 人才报告》中的挑战分析

体竞争力产生强大影响。

2017 年,国家教委、人社部、工信部联合印发《制造业人才发展规划指南》,规划指出 2015 年十大制造业总人数 3 206 万,2025 年需求 6 192 万,人才缺口 2 986 万。这些数据为我国高校和企业未来培养人才指明了方向。

1. 美国人才培养——校企合作培养产业研究人才

在人才培养方面,美国除了在基础科研领域投入大量资源之外,还格外注重产学研的融合和产业型研究人才的培养。在美国的企业中有个长久以来一直存在的挑战,当发明创造达到一定的基础研究水平,并试图被大规模产业化时,会屡屡遭受挫折。阻止这些发明走向产业的不仅是技术或投资方面的问题,还有工业界未准备好接受这些新的创造,而这又往往超出了学术实验室的范围。这个现象被称为创新的"死亡之谷"(见图 4 - 7)。

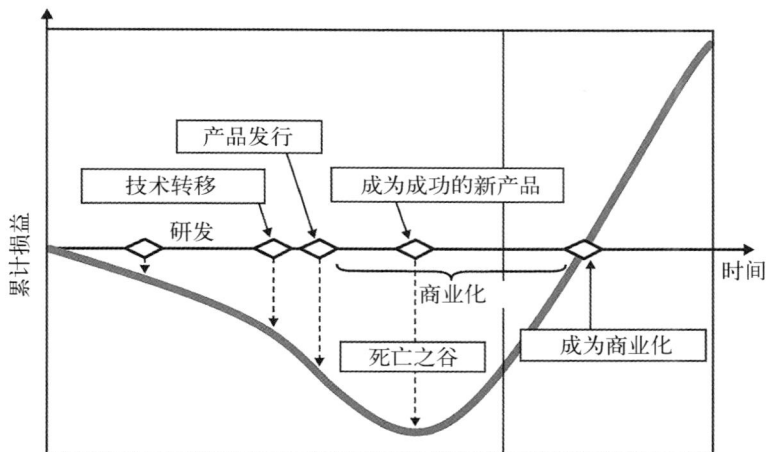

图 4 - 7　创新的死亡之谷

　　为了帮助学术界和企业界的技术创新跨过这个"死亡之谷",美国科学基金会(NSF)于 1973 年启动了产学合作研究中心(industry/university collaborative research center, I/UCRC)项目,旨在发展工业界、学术界和政府之间的长期合作关系。NSF 投资于这些合作关系,以促进共同关心的研究项目,有助于在国家基础设施研究的基础上,通过研究和教育的整合,提高工程或科学工作者的创新能力,并促进技术向产业的转移。NSF 也鼓励国际之间的产学合作,在全球范围内推进这些目标:产学合作研究中心与企业合作的方式实行会员制,即每年会员企业向研究中心投入固定金额的经费,用于所有会员企业

243

共同感兴趣的研究领域，而研究成果在会员企业之间共享，这种模式可以比喻成科研的"众筹"，每 6 个月中心会召集 IAB（industrial advisory board）会议汇报研究成果和讨论新的研究兴趣。原则上，I/UCRC 项目的研究中心资格每 5 年作为一个阶段，在一个领域的产学研究中心资格最多可以使用 10 年，期满后研究中心要将研究成果以孵化公司或技术授权的方式投入到产业界，这就意味着研究中心从项目中"毕业"了，技术被成功产业化。以我在美国带领的智能维护系统中心为例，从 2003 年至今已经在美国、中国台湾、北京和杭州孵化了 4 家创业公司。I/UCRC 项目发展到今天，已经成功资助了超过 70 个研究中心，像 3D 激光金属打印、人造生物组织、计算机辅助制造、无线传感和通信网络在今天有巨大影响力的技术领域都曾被 I/UCRC 项目资助过。从这些研究中心毕业的学生大多会进入企业成为优秀的产业型研究人才，他们既有很强的科研创新能力，又接受过系统的产品化与市场策略训练，在企业中的表现都非常突出。

我在 2000 年发起成立的在 I/UCRC 项目下的智能维护系统（IMS）中心，现在已经发展成为辛辛那提大学、密歇根大学安娜堡分校、得州大学奥斯汀分校和密苏里科技大学 4 个实验室的联盟。我们致力于工业大数据的分析和预测性维护技术在产业的落地,至今已经有全球超过 100 家会员企业,并完成了近 200 个企业资助研究项目。我们的毕业生中有 80%进入会员公司工作,去向涵盖通用电气(GE)、博世(Bosch)、波音(Boeing)等著名企业。在 2012 年美国科学基金会对所有 I/UCRC 研究中心进行了经济影响力评估,IMS 中心以 8.5 亿美元的经济价值和 1∶270 的投入回报比位居所有研究中心的首位。另外凭借智能维护系统(IMS)产学合作中心所开发的技术,其研究人员在美国故障预测与健康管理技术协会(PHM 学会)每年举办的工业数据分析竞赛中连续取得优异的成绩,被誉为工业大数据领域的"西点军校"。从 IMS 中心的培养体系来看,我们把工业大数据融入工程行业内,并将课程分为 DT 数据技术,AT 分析技术,PT 平台技术和 OT 运营技术 4 条主线。形象一点来讲就是"找数据的能力""用数据的能力""用工具的能力""解析洞察的能力"和"改变现场的能力"。IMS 中心认为只有跨领域技术相互融合后才能融会贯通,行业之间的互相借鉴才可能产生更加通用化的技术。

根据我多年人才培养的经历,产业型研究人才的培养分为 4 个 P 的阶段(见图 4 - 8),即理论研究(principle)、科研实践(practice)、解决问题(problem-solving)和独当一面(profession)。在理论研究的训练中,IMS 中心注重思维框架、算法理论、工业

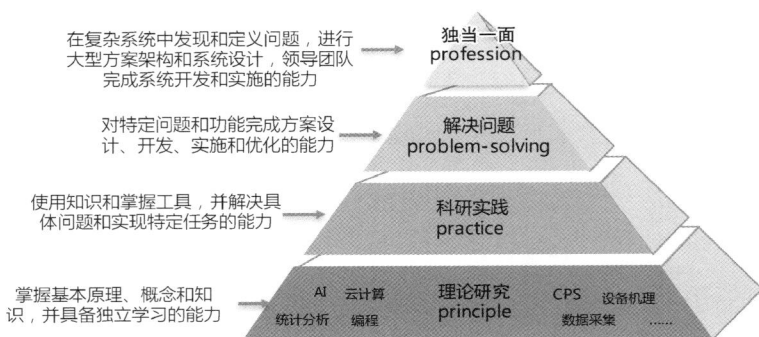

图 4-8 产业型研究人才培养金字塔——
工业大数据人才 4P 能力阶段

领域知识和建模工具的培养,主要通过课程训练的方式获得这方面的知识。在科研实践方面,IMS 中心有许多来自工业界的真实问题和真实数据,这些数据被设计成为一个个训练的赛题,就好像参加工业大数据竞赛,利用所学的知识去解决一个被明确定义的问题,并且要求学生们在一些技术指标的改善上相互竞争,这些进步的成果会转变成为学生的研究论文,它们往往关注如何解决一个具体的技术瓶颈,并对产业界形成有益的借鉴。在解决问题方面,IMS 中心的学生每年至少会有 3 个月的时间到会员企业实习,完成一个完整项目的方案设计、功能开发、系统实施和优化过程。这些实习过程往往会变成学生的研究资助项目,一般持续两年左右,并可能成为学生的毕业论文项目。完成以上训练后，学生还要培养在复杂系统中发现和定义问题，进行大型方案架构和系统设计，领导团队完成系统开发和实施的能力；而这些能力需要在工作中持续培养，逐渐成长为产业型的科研领军人才。

2. 富士康科技集团的工业大数据人才培养体系

在前文中提到的工业智能化转型基础成熟度中我们提到分别从 DT 数据技术、AT 分析技术、PT 平台技术、OP 运营技术 4 个层面来进行评价。相应地对于一个想要寻求工业智能化转型的企业，DT、AT、PT、OT 的人才是必不可少的，企业也应当具有一个标准的评价指标来进行人才的分级和评定。工业大数据有 3 大特点，即分裂性、低质性和背景性，这 3 个特点也是工业大数据的基础。因此运用 DT 数据处理技术去解决这些问题是很重要的，但是运用 DT 技术时需要一些背景资料，需要懂发动机、电子制造等领域知识才能做得下去；AT 分析技术需要用到计算机科学与人工智能方面等计算技术；PT 平台技术产生知识之后可以分享，也要反馈到运营层面 OT。

目前很多院校都有设立 DT 数据技术、AT 分析技术、PT 平台技术、OT 运营技术相关的课程和专业，但是课程建设中还是存在许多瓶颈。一是工业数据科学课程需要数据分析，尤其是工业大数据的管理平台。二是缺少应用数据，由于数据科学的特殊性,一定是企业倒挂高校,企业数据多,高校数据少。三是缺少实战经验,学校少与企业进行跨行合作。四是并不是这些课程的叠加就是融合人才,目前的工业人工智能培训缺少贯穿从数据教育机构和企业合作的一体化平台。工业大数据的最终目的是创造价值,只有在创造价值的这个大前提下,基于大数据的工业场景,将这四方面的技术和知识纳入整体的培养体系当中,这样的融合才是一个体系化的融合。

工业人工智能的人才培养需要理论学习、实践平台以及产业发展融合三位一体。工业人工智能不是"拿着锤子找钉子",而是要从场景出发了解生产中真实的痛点,因此理论和实践的融合是人才培养的关键。高校要走出去,去寻找更多的场景和数据。企业要打开门走进来,让全世界的数据科学家去解决生产中的问题。

富士康科技集团也成立了工业互联网灯塔学院,将云计算、物联网、大数据、智能制造、机器人的行业知识为基础,以 DT、AT、PT、OT 4 个维度设立人才培养脉络,建立工业大数据和工业人工智能的理论培养体系,如图 4-9 所示。通过工业大数据实践平台,结合理论课程体系,以工业现场的实际问题出发,建立以任务为驱动的实训平台。通过行业实践融合,将技术和领域知识(know-how)结合在一起。

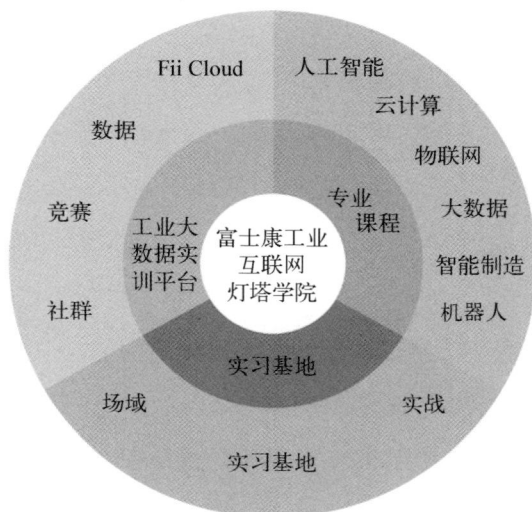

图 4 - 9　富士康工业互联网灯塔学院的人才培养规划

4.4　工业智能相关的开源项目与大数据竞赛

　　与工业相关的大数据建模分析竞赛在近几年的关注度持续
上升,受到越来越多学术界和企业界研究人员关注。从 2008 年
美国故障预测与健康管理技术协会(PHM 学会)举办第一届工
业大数据竞赛以来,由国内外行业知名研究机构组织的针对工
业领域的数据建模大赛变得更加丰富,组织单位包括美国 PHM
学会、IEEE - PHM 学会、中国信息通信研究院(CAICT),还包括

Kaggle、天池、科赛(Kesci)等社区。这些数据竞赛不仅提供了非常真实的工业场景问题和数据,也为不同方法相互切磋和对比提供了很好的平台。以2008年的工业大数据竞赛为例,由GE提供的航空发动机全生命周期数据和剩余寿命预测问题,已经成为数百篇论文和近百位博士学位论文中的经典案例研究。

本节收录了2008—2018年中美工业大数据竞赛的10道赛题,并对赛题难点和获奖选手解题思路进行了总结。赛题横向覆盖航空航天、轨道交通、风电、机加工制造、半导体制造等多个行业,纵跨不同监控层级,具有典型的借鉴意义。

另外,值得一提的是,与互联网大数据建模学习不同的是,在工业场景中很难找到开源的建模数据。而本节收录的全部赛题数据集和详细解题论文均可在互联网公开下载,相信能对读者在工业智能建模领域的学习和实践有所帮助。工业大数据竞赛案例汇总清单如表4-4所示。

表4-4 工业大数据竞赛案例汇总

赛　题	行　业	监控层级	数　据　特　点
航空发动机剩余寿命预测	航空航天	部件级	训练样本少,监控变量维度多,包含部件全生命周期数据,需采用数据驱动的数据降维方法
齿轮箱故障定位与诊断	旋转机械	部件级	无样本标签,依赖振动机理建模

（续表）

赛 题	行 业	监控层级	数 据 特 点
数控铣床刀具剩余寿命预测	机加工制造	部件级	对工况依赖性强,噪声影响大,需要将机理模型和数据驱动的方法相结合进行建模
风机风速仪异常监测	风电	部件级	受工况影响较大
轴承剩余寿命预测	旋转机械	部件级	依赖振动机理建模
电子制造系统异常检测	电子制造	设备级	数据含义缺失,噪声影响大,需要主要采用数据驱动方式建模
电厂运行故障分类和预测	电力能源	集群级	工况和环境因素影响大,数据含义缺失,需要主要采用数据驱动方式建模
半导体材料损耗率预测	半导体制造	设备级	工况和环境因素影响大,机理性强,可采用混合建模的方法
列车转向架故障预测	轨道交通	部件级	工况和环境因素影响大,机理性强,可采用混合建模的方法
风机叶片结冰与齿型带故障预测	风电	部件级	数据标签丰富,机理性强,可采用混合建模的方法

1. 2008 年 PHM 工业大数据竞赛:航空发动机的剩余寿命预测

2008 年 PHM 竞赛的问题是利用历史数据预测航空发动机的剩余使用寿命,其数据来源于 NASA 开发的商用模块化航空推进仿真系统(C‐MAPSS)。C‐MAPSS 是一个高精度的发动机计算模型,通过可调整的参数如环境变量、操作条件,控制器参数可以模拟航空发动机在不同工况及健康状况下的运行参数。在本次数据竞赛中,要求参赛者分析 C - MAPSS 中产生的仿真数据来估计发动机的剩余使用寿命,如图 4 - 10 所示。

本次竞赛中的数据分为训练集与测试集,分别各有 218 个样本。训练数据中给出了航空发动机的全生命周期数据,而测试数据中仅给出了发动机部分的衰退数据,竞赛的要求是基于训练数据来预测测试数据中发动机的剩余寿命。竞赛的原始数据中模拟了不同的工况条件下航空发动机的多个过程参数,每台发动机的初始衰退情况和系统误差未知,每个样本的数据长度也都不相同。本次竞赛的挑战主要包括以下方面:第一,航空发动机的操作条件复杂,在预测剩余有效寿命会较为困难;第二,数据是多变量的时间序列,并且其中包含了工况差异与噪声,在处理数据时,面临数据维度较高的困难,且需考虑使用相关性等指标对原始数据中的有用信号进行筛选。

本次竞赛的冠军队伍由来自美国辛辛那提大学 IMS 中心的 Tianyi Wang 等人所组成,他们所使用的方法是基于发动机衰退趋势的相似性来对剩余寿命做出预测。该方法的第一步是将数据按工况进行分类,并利用设备衰退的单调性对有用数据进行初步筛选;第二步是基于训练数据建立逻辑回归模型从而将过

问　题

航空发动机的剩余寿命预测

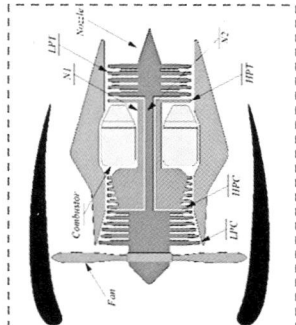

难点与挑战

(1) 航空发动机的运行工况复杂，导致剩余寿命预测的难度较大

(2) 竞赛数据为高维时间序列，不仅面临数据维度较高的挑战而且需要考虑临近数据点之间在时间上的动态关系

(3) 如何利用大量的历史衰退数据对剩余寿命进行精准预测仍是深入研究的问题

数据描述

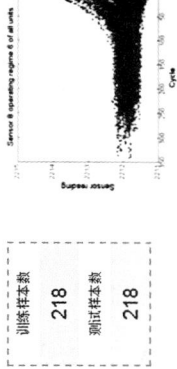

训练样本数	218
测试样本数	218

研究方法总结

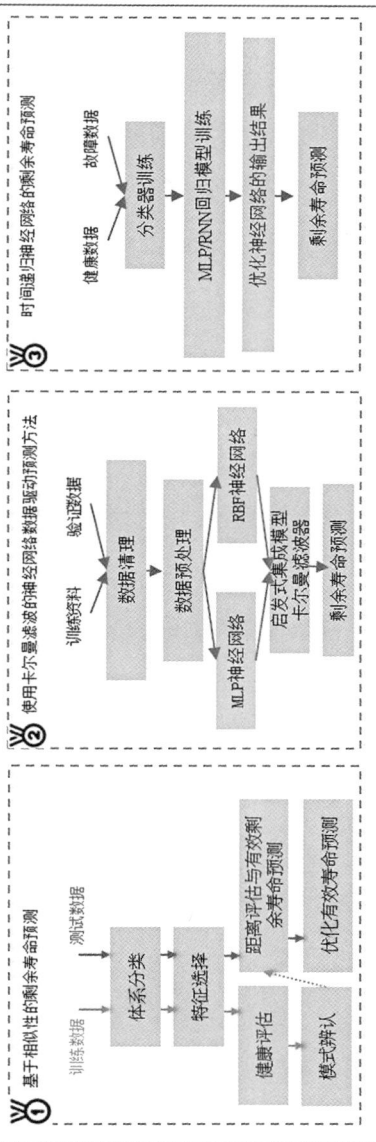

① 基于相似性的预测剩余寿命预测

② 使用卡尔曼滤波的神经网络数据驱动预测方法

③ 时间递归神经网络的剩余寿命预测

图 4-10　2008 年 PHM 工业大数据竞赛——航空发动机的剩余寿命预测

253

程参数映射为发动机的衰退趋势,基于训练好的健康模型,可以计算训练数据中所有航空发动机的衰退趋势并建立训练样本库;最后,通过对比测试数据和训练数据中发动机衰退趋势的相似性,可以对测试数据中发动机的健康状态进行合理评估,并对剩余寿命进行预测。该模型的优势是简单实用,在 2008 年的竞赛中给出了最好的预测精度。

本次的亚军队伍是为来自英国先进科技中心的 Leto Peel,所采用的方法为混合卡尔曼滤波器的神经网络模型。与前面的流程类似,该方法对数据先做分类,分出 6 种工况类别后对数据进行预处理与归一化,以便把所有数据呈现在相同尺度下。在模型训练中,该方法将训练集的数据随机挑选一部分来建立模型,剩余的训练集则是用来验证和调整已经建好的训练模型。神经网络架构采用多层感知器与径向基函数。然而这两种模型有相对应的缺点,因此针对感知器模型和径向基模型对剩余使用寿命预测的偏差,该方法引入了卡尔曼滤波进行改进,再通过使用淘汰启发法随机将模型分类,然后比较每个分类下的模型,随着每一轮的挑选,可以找出表现较好的模型,最后再用挑选的模型做剩余有效寿命分析。

本次竞赛第三名的队伍来自英国航天系统公司的 F. O. Heimes。该方法同样采用神经网络架构(时间递归神经网络)。

首先把每个数据首尾两端的部分数据分别作为健康样本与衰退样本,并利用多层感知器建立分类器。然后使用时间递归神经网络与扩展卡尔曼滤波器对发动机剩余寿命进行预测。时间递归神经网络利用了内部神经元与反馈来学习复杂的非线性映射关系,扩展卡尔曼滤波器则能去除数据的噪声,跟随数据的动态变化。为优化模型,采用遗传算法来改善模型,通过相互比较后,挑选出 3 个模型作综合平均,取得最终预测结果。

整体上,3 种方法对于数据的处理流程类似,即先通过分析对数据按照工况进行分类,提取特征;再利用特征建立多个算法模型,代入测试数据并比较各个模型的表现;最终优化结果。最终竞赛的结果显示,获得竞赛第一名的算法考虑了基于使用情况下,测试数据与训练数据的相似性,相似性计算在处理集群数据时有较好的表现。另外两种算法是使用神经网络系统或是在神经网络系统的架构下,加入卡尔曼滤波器或是扩展卡尔曼滤器去除噪声,以改善最终预测结果。

2. 2009 年 PHM 工业大数据竞赛:齿轮箱故障定位与诊断

2009 年由 PHM 学会承办的工业大数据竞赛的题目是对齿轮箱的故障诊断和故障等级划分。竞赛要求参赛队伍利用振动数据和齿轮箱的规格信息,正确地识别出齿轮箱系统内的故障部件、位置以及损坏程度。竞赛的齿轮箱数据集一共包含 560

个数据样本。每个样本数据采集时长 4 s 并包括 3 个数据通道，其中两路振动数据分别由两个分别固定在输入轴与输出轴的支撑板上的加速度传感器（采样频率为 66.67 kHz）采集，转速传感器（每转 10 个脉冲）信号通过安装在输入轴上的旋转编码器同步采样获得，如图 4-11 所示。

　　参赛选手需要在数据集没有包含任何故障标签的情况下，充分利用信号处理的方法和齿轮箱相关专业知识来判断齿轮的故障类型和故障程度。原始数据考虑了两种载荷情况和 5 种转速情况，并在不同故障等级上模拟了 14 种不同的齿轮箱故障。

　　此次竞赛的前两名均由来自美国辛辛那提大学 IMS 中心的团队获得。竞赛的冠军组使用的是信息重组法，该方法首先将 18 个带通滤波器组合使用以获得重建后的振动频谱，而后对样本进行聚类以分离工况并且用 HOLO 系数雷达图对 14 种故障模式进行分类。此方法巧妙地叠加简单的带通滤波器，在分解频域进行全局分析的同时，又能洞察局部频域的特征，取得了很好的滤波效果。

　　第二名的方法是首先利用常见的时域和频域的信号处理方法以及小波分解、包络谱等提取了大量特征（超过 200 个），然后通过观察输入轴的转速变化分离载荷，利用齿轮啮合频率和频谱相似度分析辨别不同的齿型，再用健康评估找出的无故障样

问　题

齿轮箱故障诊断

难点与挑战

(1) 齿轮箱数据包含了 2 种结构、10 种工况和 14 种故障模式

(2) 数据集未包含有故障标签的训练数据

(3) 此问题的解决较多地依赖信号处理的方法以及齿轮箱相关的专业背景知识

数据描述

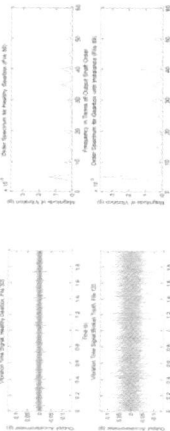

训练样本数	测试样本数
0	560

研究方法总结

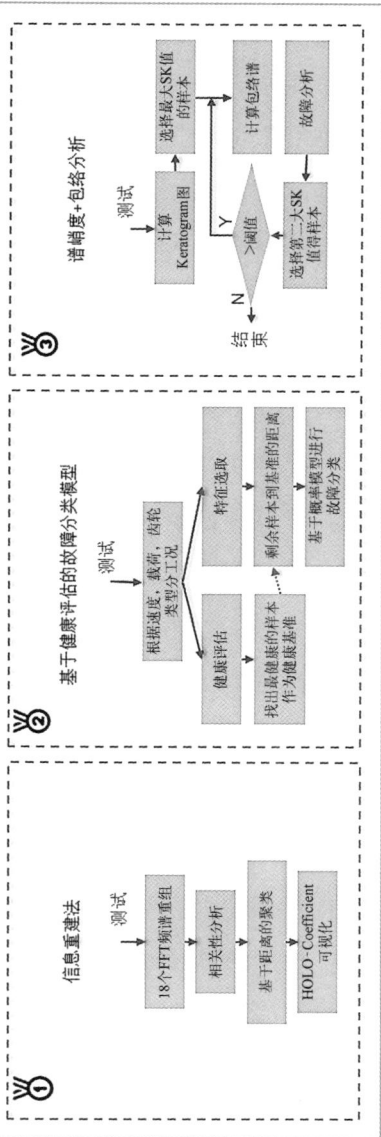

图 4 - 11　2009 年 PHM 工业大数据竞赛——齿轮箱的故障诊断

257

本作为基准,将其他样本与基准的距离进行度量并通过概率模型给出分类结果。此方法的优点在于,通过健康评估给出健康基准以供其他样本对照,成功地解决了竞赛中因无故障标签而无法训练模型的难题。

第三名的方法提供了一种基于包络谱和谱峭度来分离故障模式的思路。此方法在对振动信号进行包络谱分析之前,使用特定载波频率下的带通滤波器对信号进行滤波。该方法的优势是能够有效地降低噪声对有用信号成分的影响,较大限度地还原信号中包含有故障信息的成分。

总体来说,齿轮箱故障诊断的关键在于如何有效地利用信号处理和物理领域知识找出特定故障相对应的特征。此次竞赛的齿轮箱故障诊断主要考虑了齿轮箱在稳定工况下的故障行为,数据的采集都是在定载荷定转速的条件下完成的。而实际工业应用中,齿轮箱往往处在更复杂的动态工况中,变转速和变载荷的情况时有发生,因而在实际应用仍应基于上述方法进行改进,以实现复杂工况下齿轮箱的智能健康管理。

3. 2010 年 PHM 工业大数据竞赛:数控铣床刀具的剩余寿命预测

铣床主要指利用铣刀的旋转运动加工平面、沟槽、齿轮以及各种曲面的机床,广泛应用于加工制造业。作为铣床的关键部件,铣刀是具有多个刀齿的旋转刀具,任何一个刀齿意外断裂都会打乱甚至延缓生产计划并造成较大的经济损失,因此铣刀的健康状态监测和剩余寿命预测重要性不言而喻。美国 PHM 学会 2010 年数据竞赛的研究对象即为"数控铣床刀具剩余寿命预测"。

竞赛使用铣床为 Roders Tech RFM760,铣刀主轴转速为 10 400 r/min,数控铣床上铣刀重复铣削工件直至刀齿断裂,竞赛组织者提供了 6 把同种类型铣刀全生命周期的铣削测量数据,其中 3 把铣刀的测量数据作为训练数据,附加提供铣刀每铣削加工一次各刀齿的磨损测量值。剩余 3 把铣刀的测量数据作为测试数据,竞赛的目标就是根据测量数据预测铣刀在每一次铣削加工后的磨损量,并预测铣刀在达到某一设定磨损量前可以实现的最多铣削次数,如图 4 - 12 所示。

本次竞赛有以下几个挑战:第一,6 把铣刀虽然是同一规格,但是由于生产过程和安装过程中可能存在的偏差,以及铣削工件的材料密度不同,每把铣刀初始磨损状态不同,磨损趋势也不同,利用模型去预测新铣刀的磨损状态存在一定挑战;第二,实际铣削加工环境恶劣,数据采集存在显著噪声,对信号预处理以及特征提取造成一定的困难;第三,铣削是个复杂的切削加工过程,多种不同的因素影响铣刀实际磨损情况,竞赛仅提供 3 把铣刀的测量数据作为训练数据,对于充分学习铣刀磨损模型提

问 题

CNC机床刀具剩余寿命预测

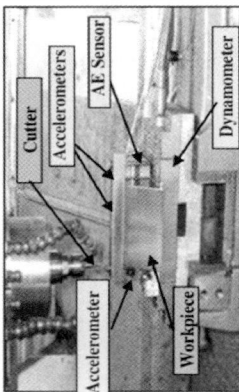

难点与挑战

(1) CNC机床运行工况复杂, 刀具初始磨损状态不同, 导致刀余寿命预测的难度较大
(2) 实际加工引起的噪声较大, 信号处理难度大
(3) 训练数据样本少

数据描述

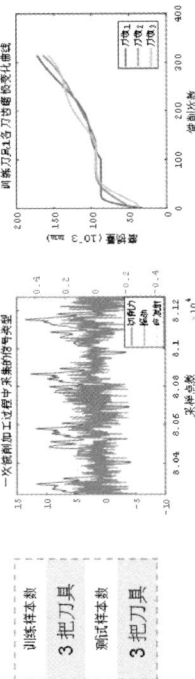

一次铣削加工过程中刀具的振动类型

训练样本数	3 把刀具
测试样本数	3 把刀具

训练刀具F1各刃刀齿磨损变化曲线

研究方法总结

① (Sreerupa Das) 基于神经网络的RUL预测方法

训练数据 → 数据降噪 → 特征提取 → 健康评估模型 → 健康值序列插值 → RUL估计

测试数据 → 数据降噪 → 特征提取

② (Huimin Chen) 基于多模型融合的RUL预测方法

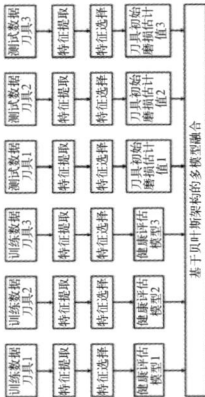

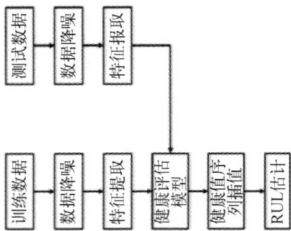

基于DW-GBM架构的多模型融合

图 4-12　2010 年 PHM 工业大数据竞赛——数控铣床刀具寿命预测

出了一定挑战。

　　由于铣削过程复杂,铣刀磨损过程的物理模型难以建立,本次竞赛的冠军和亚军均采用数据建模的方式去预测铣刀的磨损情况。本次竞赛的冠军 Sreerupa Das 等人来自美国航空航天制造商洛克希德·马丁公司,虽然数据分析流程简单,但每一步都针对铣削加工过程特点提出了有效的方法。在数据降噪环节,考虑到铣削加工过程中铣刀接触和离开工件表面引起的振动异常,删除每次铣削过程中头几笔和后几笔测量数据;考虑到铣刀刀齿边缘影响,删除每把铣刀头尾几个铣削加工过程的测量数据。铣刀刀齿磨损后,完成同样铣削任务需要的铣削力增大,因此在特征提取环节,计算 x,y,z 轴铣削力的时间域统计指标作为特征。考虑到铣刀包含 3 个刀齿,x,y,z 轴振动数据在刀齿通过频率(520 Hz)以及倍频上的能量值可以显示铣刀刀齿不同程度的磨损。在模型训练环节,使用三层神经网络从提取的特征中学习刀齿磨损趋势,为优化传统神经网络的训练效率和精度,使用弹性反向传播的方法自适应调整神经网络权重。考虑到刀齿磨损是个逐渐累积的过程,把上一次铣削过程数据作为神经网络模型的输入。同时,考虑到刀齿寿命对刀齿磨损趋势的影响,铣削次数也作为输入提供给神经网络。最终 Das 从训练的 100 个神经网络模型中挑选预测性能最好的一个作为最终铣刀剩余寿命预测模型,并在竞赛中获得了最好的成绩。

本次竞赛的亚军 Huimin Chen 来自美国新奥尔良大学电子工程系,考虑到每把铣刀的磨损趋势不同,提出基于多模型融合的剩余寿命预测方法,具体数据分析流程如图 4 - 12 所示。考虑到每把铣刀初始磨损状态不同,不同于 Das 预测铣刀刀齿磨损量的模型,Chen 提出了铣刀每次铣削加工的刀齿磨损量增量的预测回归模型。通过比较分析,发现为不同铣刀建立各自的模型比建立单一模型的预测效果好。在特征提取环节,使用常规方法从原始数据中提取数目较多的特征,并用多重检验中的错误发现率准则为回归模型筛选合适的特征集。训练数据中每把铣刀建立刀齿磨损量增量预测回归模型后,利用贝叶斯框架对多个模型进行融合,从而对测试铣刀的磨损量增量进行预测。基于声发射信号高频段部分标准方差与铣刀初始磨损状态相关的假设,利用测试铣刀前 15 个铣削过程的声发射信号估计其初始磨损状态。结合铣刀磨损量增量预测回归模型,Chen 可以预测测试铣刀在每次铣削加工后的刀齿磨损量,并在竞赛中取得了亚军的好成绩。

尽管数据分析流程大体相似,相较于亚军提出的多模型融合方法,冠军团队提出的方法更加简单直接,由于针对铣削加工特点提出了有效的降噪和特征提取方法,他们的模型能够到达更好的预测精度。

4. 2011 年 PHM 工业大数据竞赛：风场测风塔的传感器异常检测

风杯式风速仪是风能资源评估中最常用的测风设备,而风能资源评估则是建立风力发电场的第一步。风杯式风速仪的感应部分由 3 个或 4 个圆锥形或半球形组成,测量结果通常被用来估算选址的未来能源产出。其测量结果的准确度将会影响风场净能源产出的计算结果,甚至影响该风场投资风险的评估。在风速约为 10 m/s 时,2% 的测量误差将会导致 6% 的能源产出计算差异,进而影响到投资回报率的计算。

2011 年的 PHM 工业大数据竞赛关注的便是风速仪的异常检测。数据采集自高度为 50~60 m 的气象塔,每座气象塔包含数个风杯式风速计,一个风向仪,以及一个温度传感器。每个传感器在测量 10 min 时长的数据后,会传回 10 min 内数据的均值、标准差、最小值和最大值。在一座高 60 m 的气象塔上,其 10 m 高度和 30 m 高度处各装有一个风速计,而 49 m 高度和 59 m 高度处各装有两个风速计,每一对风速计呈 90° 夹角。本次竞赛数据分为两组:一组是横向数据,包含气象塔同一高度处两个风速计记录的风速数据,以及风向和温度数据;另一组是纵向数据,包含气象塔不同高度处的风速计记录的风速数据,以及风向和温度数据。每组数据都包括多个含有 25 天数据的训练集和含有 5 天数据的测试集,如图 4-13 所示。

研究问题

风场风速仪的异常检测

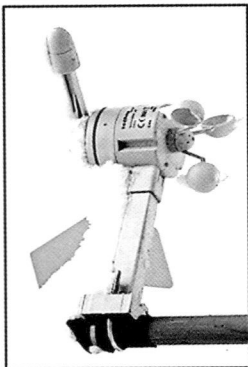

难点与挑战

(1) 风速仪的运行工况易受天气影响，健康检测难度大
(2) 竞赛数据共分两组，一组为同一高度（纵向）的风速仪数据，另一组为同一气象塔上不同高度（横向）的风速仪数据。两组数据的特点和适合的分析方法不同
(3) 如何利用历史数据对风速仪的健康状况进行检测及如何排除冰雪天气对数据的影响，仍需要素深入研究

数据描述

横向数据		
	训练样本数	测试样本数
12组（25天）	420条（5天）	255条（5天）

纵向数据		
	训练样本数	测试样本数
7组（25天）	420条（5天）	255条（5天）

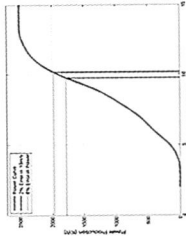

研究方法总结

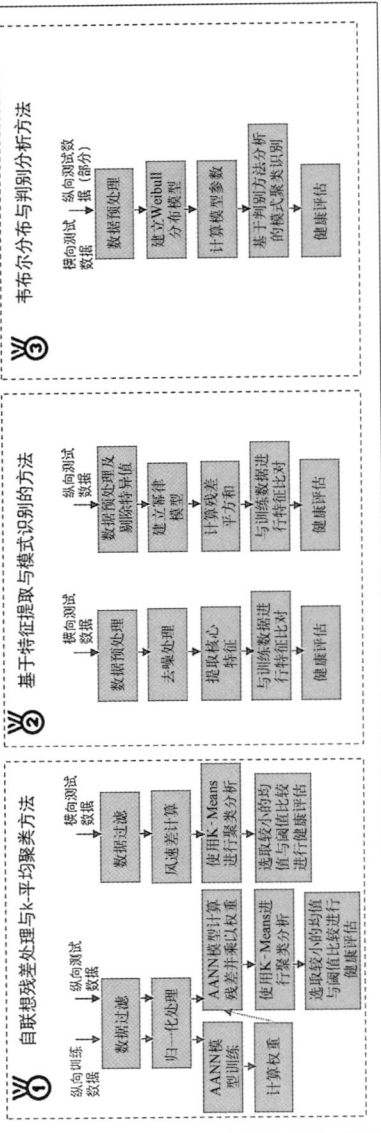

① 自联想误差处理与k-平均聚类方法

② 基于特征提取与模式识别的方法

③ 韦布尔分布判别与分析方法

图 4-13　2011 年 PHM 工业大数据竞赛——风场风速仪的异常检测

　　本次竞赛的题目是检测数据中是否存在有风速仪测量性能衰退的情况,比如因轴承的磨损、传动轴故障或是风杯缺失导致测量误差增大。研究的难点在于风速仪的运行工况易受天气影响,健康监测难度大,尤其是冰雪天气下,由于物理连接处结冰导致风速计运转缓慢。另外,由于横向和纵向两组数据的差异较大,导致适合的分析方法也难以选择,增加了数据分析的难度。

　　获得本次竞赛冠军的队伍由来自辛辛那提大学 IMS 中心的 David Siegel 等人组成,主要使用的是自联想残差处理与 k -平均聚类算法。冠军队伍针对两组数据的不同特点,使用了不同的方法分别分析。对于横向数据,首先通过数据过滤与数据预处理,移除数据中的离群点,并排除受到冰雪天气影响的错误数据。然后计算同一高度下一对风速仪的均值数据的差值,再输入 k -平均聚类算法进行聚类分析。k -平均聚类算法将差值数据分成两类后,接着分别计算两类数据的均值,取较小的均值作为计算结果,如果计算结果小于阈值,则可以认为该风速计处于非健康状态。对于纵向数据,由于数据来源于不同高度的风速计,所以在数据过滤与数据预处理之后,还需要进行归一化处理。之后使用自联想神经网络(AANN)算法建立复数模型并用训练数据计算不同模型的权重,再将测试数据代入算法模型计算残差并乘以相应的权重,得到的结果通过 k-平均聚类算法分出两类后,再分别计算两类数据的均值,取较小的均值与阈值做比较,进行健康评估。

获得本次竞赛亚军和季军的队伍,分别来自美国俄克拉荷马州立大学和一家美国军工企业杜科蒙公司。亚军队伍使用了基于特征提取的相似模式识别算法:针对横向数据,首先移除受到数据中的特异值,然后以风速差与风向数据为核心特征,接着对比测试数据与训练数据的核心特征,进行健康评估;对于纵向数据,首先进行数据预处理和归一化处理,然后使用幂律模型将数据曲线拟合,接着计算出残差平方和后,对比测试数据与训练数据的残差平方和,进行健康评估。季军队伍使用了 Weibull 分布与判别分析算法。该方法只选取横向数据,以及纵向数据中包含的同一高度上的一对风速仪数据(与横向数据类似),忽视纵向数据中包含的其他高度处单个风速仪的数据。接着对一对风速仪数据的差值建立 Weibull 分布模型并进行参数计算,再用判别分析算法对数据进行分类,以判断数据的健康状况。

冠军队伍的方法在竞赛中获得了理想的风速仪异常检测结果,但是其关于横向数据的处理,需要假设一对风速仪中至少有一个的工况是处于健康状态才能发挥算法的优势。因此,后续的研究应考虑如何在实际的应用场景下实现风速仪的故障检测。

5. 2012 年 PHM 工业大数据竞赛：轴承的剩余寿命预测

2012 年 PHM 工业大数据竞赛的主题是对轴承有效剩余寿命（RUL）的估计。轴承作为一种关键零部件被广泛用在制造、电力、交通运输等工业行业，大多数旋转机器的故障都与轴承的衰退和失效有关。对轴承 RUL 的估计一直以来都是 PHM 领域的一个热点问题，对于提高机械的可用性、安全性和成本效益有着重要意义。

此次竞赛的数据集来自 FEMTO‑ST 研究所。实验提供了 3 种不同负载（旋转速度和负载力）加速测试下的振动和温度数据，本次竞赛共提供了 6 个全生命周期（run-to-failure）的数据集用于建立预诊断模型。实验同时提供了 11 个测试轴承的部分测试数据，要求参赛者精确估计这 11 个轴承的有效剩余寿命。另外，数据没有提供轴承故障类型的信息，如图 4‑14 所示。

该数据竞赛的挑战之处在于：训练数据较少；实验持续时间的变化度很大（从 1 h 到 7 h 不等）；理论分析结果（L10，BPFI，BPFO 等）与实验观察结果不匹配。这些因素都给有效剩余寿命评估带来了巨大挑战。

此次竞赛的优胜队伍考虑了多种不同的数据驱动建模方法，分别采用了移动平均谱峭度和贝叶斯蒙特卡洛采样，支持向量回归等。在方法一中，数据初步分析阶段，该队伍发现常用的

问 题

轴承的剩余寿命预测

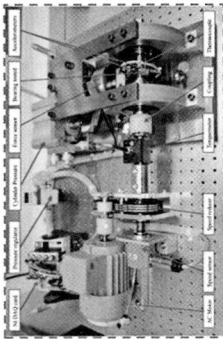

难点与挑战

(1) 轴承数据采集自3种不同的运行工况，难以建立统一模型

(2) 训练数据集样本很小，并且仅仅包含震动数据和温度数据（部分）

(3) 实验过程为加速寿命测试，不同组轴承数据对剩余寿命预测的寿命变化很大

(4) 如何利用设备的历史衰退数据对剩余寿命进行精准预测尚为系统有系统的方法论，依然是PHM领域的研究热点

数据描述

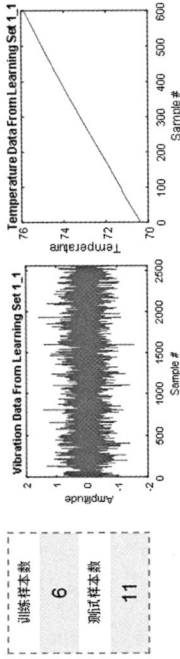

训练样本数	6
测试样本数	11

研究方法总结

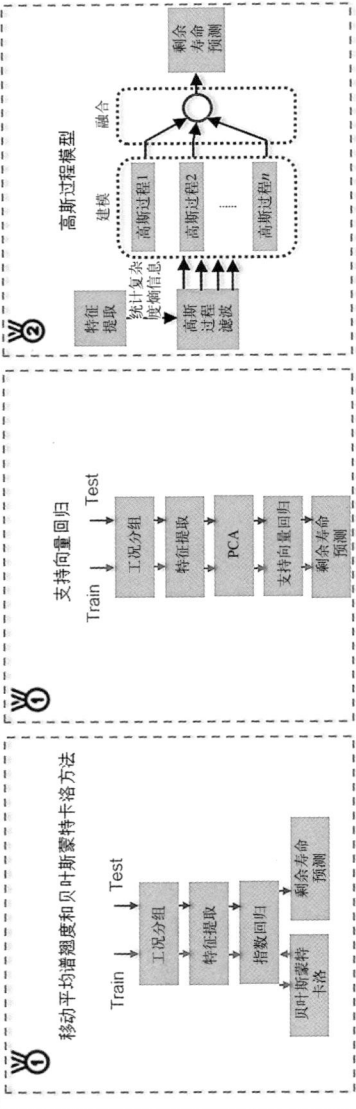

图 4-14　2012 年 PHM 工业大数据竞赛——轴承的有效剩余寿命预测

时域统计特征和频域特征并不能反映出稳定的轴承衰退趋势，于是转而研究如何基于时域和频域特征进行信号处理建模。在移动平均滤波之后，峭度值的上升趋势被识别出来；进一步地，基于相关系数分析，该团队发现振动信号经过 $5.5 \sim 6.0\,kHz$ 带通滤波之后的峭度值特征能够很好地反映出轴承的衰退趋势。在建模阶段，首先基于筛选出来的移动平均峭度信号进行指数拟合，然后基于贝叶斯蒙特卡洛采样来确定轴承的有效剩余寿命及其分布。该模型增加了特征数量，改善了训练数据较少的缺陷。贝叶斯蒙特卡洛采样在给出 RUL 预测结果的同时也提供了 RUL 的概率分布。

在基于支持向量回归的建模方法中，首先利用高阶分析和小波变换从振动信号中提取了 34 组特征，然后对特征进行正规化和光滑处理。经过主成分分析之后，发现前三个主成分已经包含了 99.5% 的数据信息。然后利用支持向量回归建立前三个主成分与轴承剩余寿命之间的回归关系模型。该模型利用时频分析有效捕捉了动态信息，并利用主成分分析的方法避免了模型的过拟合风险。

如前所述，此次竞赛的挑战难度较大，加之开源的高质量轴承全生命周期实验数据较少，大部分参赛队伍对剩余寿命的预测结果仍有大幅的提升空间。后续的研究表明对这组数据使用深度学习可以大幅改善剩余寿命预测精度,有人也提出了基于深度学习的建模方法,通过利用限制玻尔兹曼及对微弱特征进行增强,改善了预测效果。

6. 2014 年 PHM 工业大数据竞赛：制造系统的异常检测

2014 年的 PHM 竞赛关注的是工业远程监控和诊断常见的问题——设备健康评估,参赛人员需要计算设备的健康值,然后根据该健康值将设备划分为高风险或低风险。对于一台设备,失效发生前三天内被定义为高风险,三天以外被定义为低风险。

竞赛数据分为训练集和测试集,两者分别有 9 199 个和 9 897 个样本。训练集包含 3 种类型的数据,分别是零件维修记录、设备使用记录和失效记录。零件维修记录包括设备编号、时间、维修原因编号、替换零件编号和替换零件数。设备使用记录包括设备编号、时间和设备使用量。失效记录给出了设备编号和失效时间。测试集同样也包含 3 种类型的数据,零件维修记录和设备使用记录和训练集一样,只是失效记录包含的内容变为设备编号和测试时间,要求评估在测试时间设备的健康值,并评估是高风险还是低风险。对单个设备而言,约前两年的时间为训练样本,约后一年的时间为测试样本。每个样本代表当天的情况。图 4 - 15 中展示了单个设备失效发生的频率、每次失

问　题

利用维修和使用记录，计算设备在给定时间下的健康值，并且评估该健康值为高风险，还是低风险。

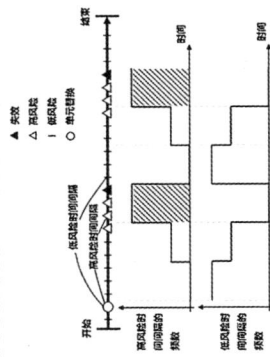

难点与挑战

(1) 对设备的资料介绍较少，很难利用专家知识进行分析
(2) 不同的维修方法对风险有不同的影响，而对维修方法的分类和每种类型的维修发生前后的风险的评估方法需要深入探讨
(3) 如何利用使用量对风险进行评估
(4) 如何对维修信息和使用量信息进行融合

数据描述

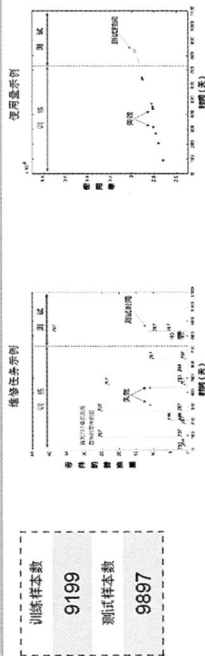

| 训练样本数 | 9199 |
| 测试样本数 | 9897 |

研究方法总结

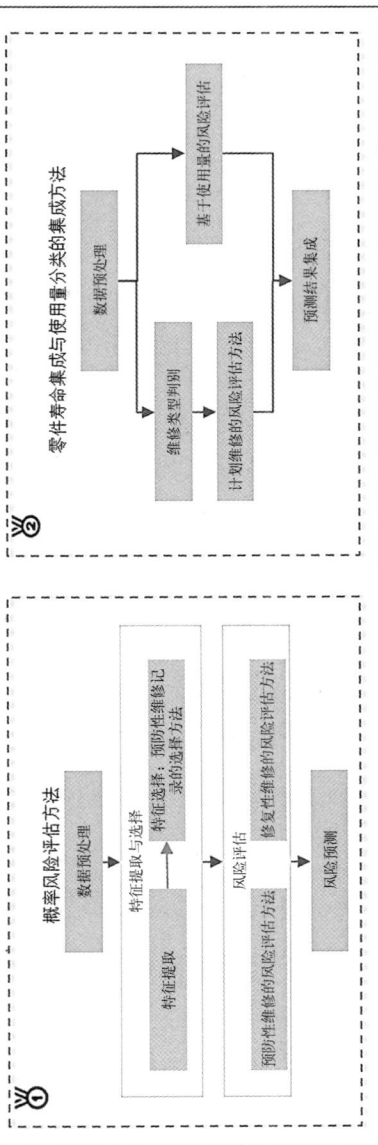

图 4 - 15　2014 年 PHM 工业大数据竞赛——制造系统的异常风险评估

271

效替换单元数以及失效原因。同样也展示了设备使用量随时间累积而增长的趋势。参赛者的评估结果需要包含评估的健康值和划分高低风险的阈值,高于阈值的为高风险;反之为低风险。测试数据中高风险和低风险的样本个数一样。参赛者的分数结果是正确评估为高风险的比率和正确评估为低风险的比率之和。

该问题主要有以下几个难点:其一,未给出设备的具体资料信息,无法利用专业知识进行分析;维修信息规律复杂,需要深入挖掘;同时,设备使用量也对风险有影响,可能需要融合维修信息和使用信息给出一个综合的评估值;另外,训练数据包含了很多异常点,对结果有干扰。

本次竞赛的冠军队伍由来自辛辛那提大学 IMS 中心的 Rezvanizaniani 等人组成,采用的是概率风险评估方法。首先,他们通过数据预处理移除使用量的异常点等信息。然后,寻找特征来识别预防性维修。这里的预防性维修,指按照一定周期对设备进行维修的行为。对每个设备的替换零件数进行统计,找到零件替换数较高的时间点,这些时间可能出现稳定时间间隔,那么可认为发生了预防性维修,剩下时间的维修可认为是修复性维修。对于预防性维修,在每个平均维修间隔时间 MTBR 的区间内,统计出高风险失效出现的时段。对于修复性维修,根据浴盆曲线可知,维修发生后的一段时间是高风险时段。以上两种维修分别定义了两种高风险时段,若测试样本落在任一种时段内,则认为是高风险的。

本次竞赛的亚军队伍由来自韩国首尔国立大学的 Hyunjae Kim 等人组成,他们采用的是集成维修与使用信息的风险评估方法。该方法首先计算训练数据中高风险维修的比率,该比率表示从所有数据中随机选一个样本,处于高风险的概率为 2.7%。然后,基于维修信息进行评估,若某次维修发生在失效前三个时间点之内,那么认为是高风险维修,否则为低风险维修。把某种维修作为时间起始点,统计之后的每一个时间区间内高风险维修占该区间总维修的比率,如果大于 2.7%,则认为该区间是高风险时段。基于使用量的风险评估方法是,将使用量划分为 N 个区间,计算每个区间内高风险维修的比率,若大于 2.7%,则认为是高风险时段。最后,将两者的评估结果进行集成,方法是:对任意样本,只要落入上面两种方法中的任一种高风险时段,那么就认为是高风险,否则是低风险。

此次竞赛的故障预测结果已经能够较为准确地预测一部分故障,然而预测的精度和准确率仍有大幅提升的空间。冠军队伍在竞赛之后提出了改进预测结果的如下建议:充分利用使用量信息定位哪些是预防性维修,利用使用量信息聚类后把数据分成不同的类别进行分析,并深入挖掘零件替换编号和零件替换数的关系。亚军队伍认为应该在当前方法基础上融合设备的结构、负载和失效物理信息,从而提升预测效果,使其更易于工业应用。

7. 2015 年 PHM 工业大数据竞赛:电厂运行的故障分类和预测

2015 年 PHM 数据竞赛关注的是电厂运行故障,参赛选手需要预测工厂运行故障类型以及故障开始时间、结束时间。竞赛数据分析训练集,验证集和测试集,分别有 33、15 和 15 个样本。每个工厂由不同的区域组成,每个区域内有不同的组件。其中不同的工厂拥有不同的区域和组件的个数。数据集中包含 4 种类型数据,基于组件的传感器数据和控制信号,基于区域的传感器数据和工厂的故障记录。故障记录内容为故障类型和故障的开始时间和结束时间,共有 6 种故障类型,但竞赛只要求关注其中 5 种。数据的采样间隔为 15 min,整个数据时间跨度为 3 ~ 4 年。

电厂作为一个复杂系统,其包含的组件具有多样性,实际运行时的工况也会千变万化,因此很难对电厂的运行状态进行一个精确的描述;而且不同的工厂运行可能有不同的工作机制和状态,因此很难得到一个泛化较好的全局模型。本次竞赛中给出的物理信息极少,无法利用专业背景进一步地做特征工程。

本次竞赛的冠军队伍采用的是机器学习中的概率预测,如图 4 - 16 所示。首先对数据进行了大量的分析,并且可视化,通过引入时间尺度上的变量相关性,分别得到了故障分类特征、故障开始时间预测特征和故障结束时间预测特征。其次,为了保证模型的泛化能力,将训练数据部分的故障记录删除,用于交叉验证训练模型的精度。最后,对每一种故障类型在每个时间段上的开始概率进行预测,并与阈值进行对比,选择最可能的故障开始时间(不超过两个)和结束时间(不超过两个)。考虑到变量之间的相关性和系统的非线性,采用的机器学习模型有,带有惩罚项的逻辑回归,随机森林和梯度提升树;然后模型融合得到最终结果。

亚军队伍由来自韩国首尔国立大学的 Hyunjae Kim 等人组成,采用的是基于 Fisher 判别分析的故障诊断预测方法,首先根据竞赛主办方 PHM 提供的变量名称和变量之间的相关性进行物理意义上的阐释,构造一些有效的特征。然后,采用 Fisher 判别分析来对正常情况和 5 种故障情况进行分类,同时得到缺失数据的邻近点信息。之所以采用 Fisher 判别分析是考虑了该算法可以适用于有大量健康数据,少量故障数据的情形。这样即使有一些故障数据缺少标注,也不会对分类效果影响太大。最后,基于残缺数据样本的邻近样本信息,进行故障记录预测和开

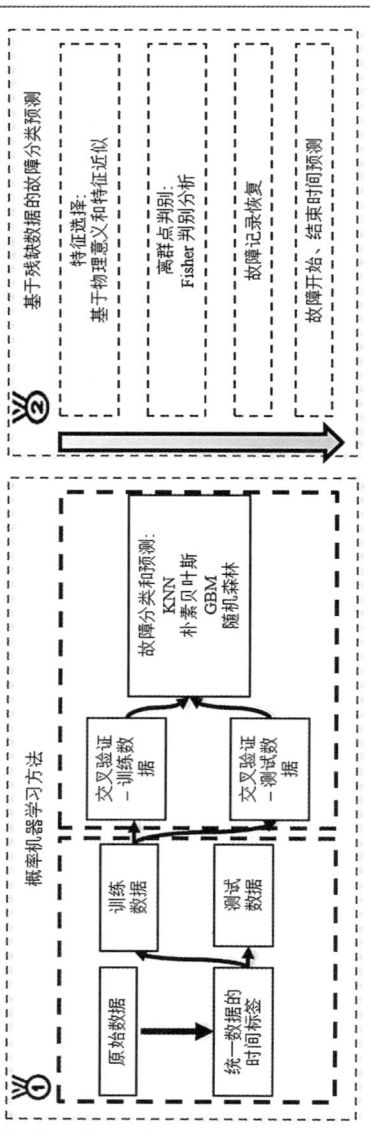

图 4-16 2015 年 PHM 工业大数据竞赛——电厂运行故障分类与预测

始、结束时间预测。

本次竞赛取得了较好的预测精度,表明了数据挖掘在复杂系统工程中应用的潜力;但仍有部分潜力可挖,如对电厂样本进行聚类,对每一组相似的电厂进行建模分析,进一步保证模型泛化能力。还有,本次竞赛中的训练数据多为时间序列,原始的样本输入数据为矩阵形式,可以考虑深度神经网络中的卷积结构来学习特征,进行分类预测。

8. 2016 年 PHM 工业大数据竞赛:半导体 CMP 制程的虚拟量测

化学机械抛光(chemical-mechanical polishing,CMP),是晶圆制造过程中的一项重要工艺流程,用于晶圆表面的抛光。CMP 中的抛光过程是将二氧化硅、多晶硅或金属层固定在抛光垫上,使用腐蚀性的化学研磨液对其进行加工的一种技术。CMP 中的化学过程包括钝化处理,以及用研磨液对晶片材料的蚀刻处理;而 CMP 中的机械过程则是利用向下力的作用,使得晶圆表面在相对于研磨液颗粒的移动中,加强蚀刻的化学反应。CMP 之所以在半导体制造领域中应用广泛,是因为单单机械研磨可能导致材料表面的损坏,而同时仅仅使用化学蚀刻又无法达到好的抛光效果,因而该抛光过程是在物理研磨和化学腐蚀双重作用下完成的。

典型的 CMP 设备包括一架旋转台,一个可替换的抛光衬垫,旋转的晶片承载盘以及旋转修整器,如图 4 - 17 所示。待抛光的晶片固定在承载盘里的衬片上,承载盘上装的扣环保证晶片一直处于正确的水平位置。在抛光过程中,抛光衬垫和承载盘一同旋转,作用在承载盘上的向下力将晶片抵在抛光衬垫上。研磨液分配器中流出的研磨液由腐蚀性颗粒及其他化学物质组成。图中的修整器由坚硬材料制成,如金刚石,增加衬垫表面的粗糙度。

2016 年的 PHM 工业大数据竞赛着眼于这样一个典型的 CMP 过程,目标是预测晶片材料的抛光速率(material removal rate, MRR)。在抛光过程中,抛光衬垫对材料的平坦化能力随着时间而减少。因此,每加工一段时间,抛光衬垫必须更换。同样,修整器对衬垫的粗糙化能力也会下降,在经过了一系列修整工作后,修整器也必须更换。比赛提供了抛光衬垫、修整器及其他部件的状态数据,参赛者结合物理模型,对数据进行分析,以预测 MRR。预测得到的 MRR 将反馈回控制器,用于控制参数优化,通过优化整个 CMP 过程的压力、流量和转速来使加工过程适应材料衰退导致的加工性能变化。预测结果以均方误差(MSE)为衡量标准。

在对 CMP 过程的监控中,通常收集以下 4 类过程变量:

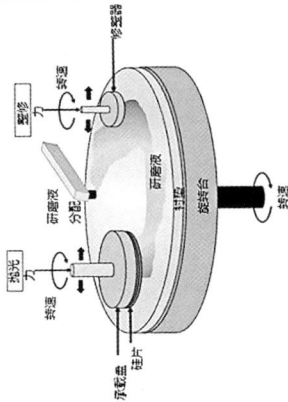
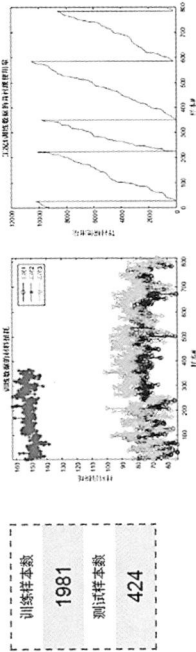
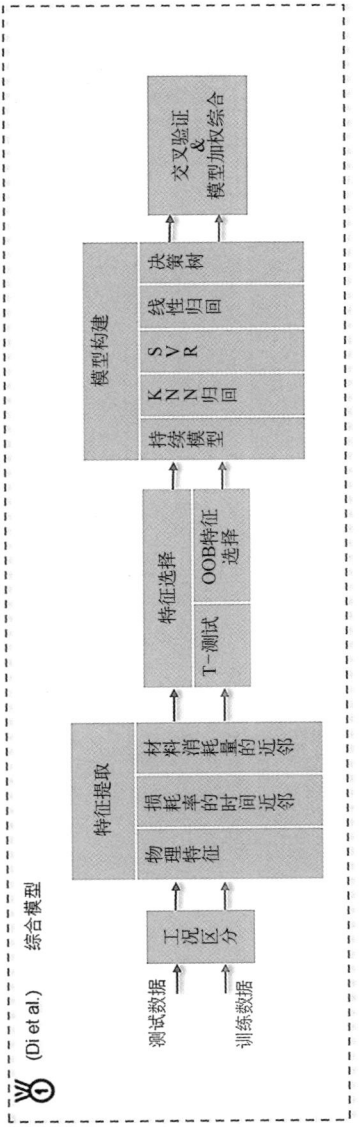

图 4-17 2016 年 PHM 工业大数据竞赛——半导体 CMP 制程中的材料抛光速率预测

① 易耗材料的使用变量,例如衬片、抛光衬垫和修整器等;② 压力信号,例如加工腔内的压力和扣环压力等;③ 研磨液化学物质的流速;④ 晶片、抛光衬垫和修整器的旋转速度。

以上所有这些变量都对 CMP 设备的性能,即 MRR 有着或多或少的影响。而 CMP 过程中的数据为高维时间变量,加上多变的工况,使得晶片材料的消耗率很难控制。为了尽可能详细地描述 CMP 过程,只能使用尽量多的变量,而在数据分析中,如果无法确定哪些变量对最终的 MRR 起到决定性作用,而哪些变量的意义不大,将会使得数据分析的结果大打折扣。

2016 年大赛的冠军队伍则利用变量的物理意义对所有数据进行筛选,由于提取了高质量的特征,而获得了最佳预测结果。该方法先根据加工腔和加工阶段的不同把数据进行分类。特征提取部分分为物理特征、损耗率的时间近邻和材料消耗量的近邻。在该研究方法中,物理特征指的是每个相关物理变量的统计量,包括均值、标准差、峰间值和曲线下面积。此外,由于 CMP 是一个连续的加工过程,MRR 的变化也可看成一个时间序列,因此该方法提取了最近时间的 MRR,即损耗率的时间近邻,作为特征之一。另一方面,在相同的加工环境下,当衬片、抛光衬垫和修整器等易耗材料的使用量相同时,晶片的 MRR 应当相近。因此该方法又提取了相近材料使用量的晶片的 MRR,作为最后一组特征。

特征选择部分则使用了经典的 T-测试和 OOB（out-of-bag）作为特征重要性的判定标准，对提取的所有特征进行进一步筛选，目的是保留包含信息量大的特征，去掉对预测 MRR 作用不大的特征。模型构建部分主要是将选出的特征作为输入，建立基于智能算法的学习模型，进行 MRR 预测。该方法综合使用了 5 种较为基本的学习模型，并且通过交叉验证和调节每个模型的权重，最终得到预测结果。通过这种方式可以综合利用每种模型的优点，扬长避短。

2016 年大赛的冠军队采用的预测方法，其特点是考虑了变量的物理意义，提取了质量较高的特征，并采用综合模型的构建方法，最终把预测结果的 MSE 降至非常理想的范围内，由此验证该方法可以提高 CMP 加工过程的控制精度，从而帮助晶片制造企业提升竞争力。

9. 2017 年 PHM 工业大数据竞赛：列车转向架的故障检测与定位

2017 年的 PHM 竞赛关注的是列车转向架的故障检测与定位。本年度的竞赛重点放在物理模型与统计预测模型的结合上。参赛人员通过物理模型与机器学习模型间的融合，建立起列车转向架各组件健康状态和模型参数与数据之间的映射。

传统的列车转向架系统由车身、两个转向轮和 4 个轮组组成,如图 4-18 中所示。简化模型包括主悬架中的螺旋弹簧和阻尼器以及次级悬架中的空气弹簧。传感器放置在车轮、转向架框架以及车身上。不规则的粗糙轨道以及组件故障都会在每个轴的方向上引起振动。在设计的实验中,车辆在不同的路面、不同的布局、不同几何形状的接触面上以不同的速度运行。除此之外,即使在没有组件故障的对照实验组中,载荷、刚度和阻尼率等车辆参数也在一定范围内变化。

竞赛的第一个任务是利用实验数据以及物理模型来预测列车运行是否存在故障,第二个任务是在确定故障之后对故障进行定位。竞赛提供的数据是从原始传感器数据中提取的频域特征值,分为训练数据集和测试数据集,各有 200 组不同实验状态下的样本。每组样本由 90 个特征值组成。训练数据集只包含列车转向架各部件正常运行情况下,即系统健康状态下的数据,而测试数据包括健康和故障状态下的数据。本次竞赛的评分标准是由两个任务的分数总和得到。第一个目标识别健康和故障是由精确度(accuracy)来衡量,第二个目标故障定位是通过灵敏度(sensitivity)来衡量,灵敏度是所有正确预测到的故障部件数除以总故障数。

本次竞赛的挑战主要来自以下几方面:列车的运行环境复

问　题

列车转向架的故障检测与定位

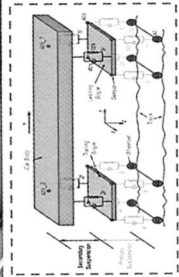

难点与挑战

(1) 列车转向架的运行工况复杂，导致故障检测与定位的难度较大。

(2) 竞赛实验数据缺乏故障状态的数据。

(3) 竞赛的训练数据相对验证数据量不足，并且缺少某些实验状况下的数据，给模型的精确度带来挑战。

数据描述

训练样本数	200
测试样本数	200

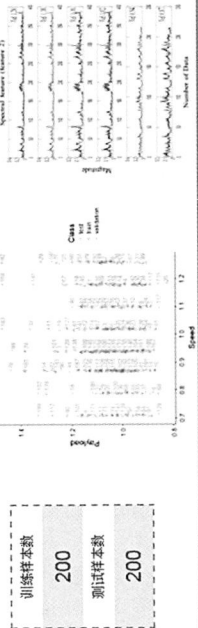

研究方法总结

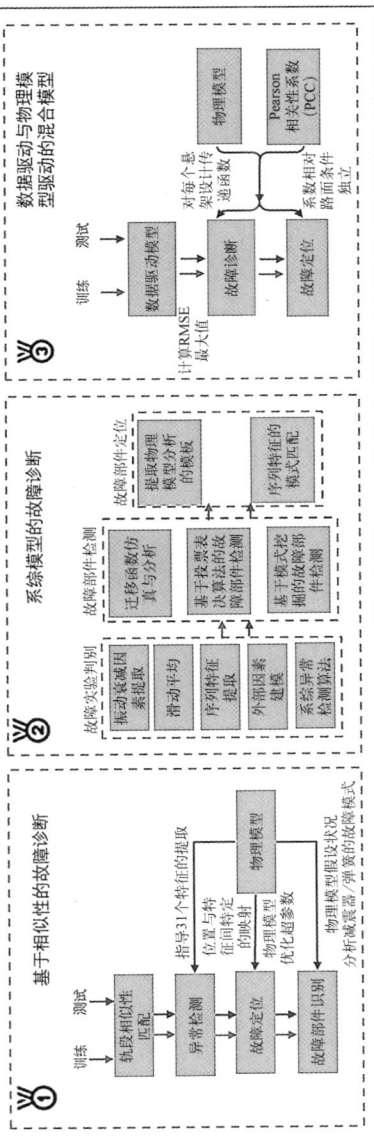

①基于相似性的故障诊断

②综合模型的故障诊断

③数据驱动与物理模型驱动的混合模型

图 4 - 18　2017 年 PHM 工业大数据竞赛——列车转向架的故障检测与定位

杂,各种工况都会影响故障的诊断和定位;缺乏故障状态下的数据,而且训练数据的实验条件不全面,影响训练出的模型在未知状态下的表现,同时相对测试数据和验证数据量,训练样本数不足,可能带来过拟合等问题。

本次竞赛的冠军是由来自中国昆仑数据公司的 Chuang Li 等人组成,采用的是基于相似性的混合模型。首先,他们使用相似度匹配方法对数据进行预处理以减少轨道不平带来的影响;然后,从物理模型中提取 31 个相似/相关的特征值用来对应机器学习模型中的异常偏移/衰退,再从物理模型中总结出位置与特征间的构造映射矩阵;最后通过物理模型定位是减震器故障,弹簧故障或者两者故障同时发生。

本次竞赛的第二名是由来自中国工业大数据创新中心公司的 Sanhua Li 等人组合,使用系综模型进行故障诊断。首先,基于线性模型的系综模型用来判断实验样本是否处在故障状态,对系统中振动衰减的因素进行提取,利用滑动平均对数据中的序列特征进行提取,再对外部因素进行建模;然后,提出基于残差分析及模式挖掘的故障检测方法来定位故障工况,最后从物理模型中提取的故障模式样板应用到机器学习模型中用来判断是减震器故障还是弹簧故障。

第三名来自韩国首尔国立大学的 Chan Hee Park 等人,他们采用的是基于数据驱动和模型驱动的混合模型。首先,用数据驱动的方法来计算训练集和测试集的均方根误差,最大的均方根误差即可用来识别该传感器附近部件的故障;然后,一个基于物理模型和 Pearson 相关系数模型的系综模型用来判断未知轨道情况下的数据,在物理模型中,对每个悬架设计一个传递函数,用来联系相关的传感器,在 Pearson 相关系数模型中,相对于路面情况独立的相关系数值用来检测和识别故障。

从本次竞赛的结果来看,通过物理模型和数据驱动模型的结合,可以对主要任务即故障模式的识别有较好的效果,尤其物理模型可以用于缺乏数据、系统背景资料缺失状态下的故障识别。对于本次竞赛的故障定位任务,获奖的参赛队伍都希望借助物理模型的机理来判断故障的位置,但当前的结果仍有大幅提升的空间。物理模型与数据驱动模型相结合的思路是近年来的一个重要研究趋势,借助物理模型可以将数据驱动模型的"黑箱"打开,更好地将系统的机理知识转化为建模过程中的有用信息,而数据驱动模型则具有良好的实用性和可扩展性。如何更好地将两者融合,取长补短,也是 PHM 领域未来的发展趋势之一。

10. 2017 年首届中国工业大数据竞赛:风力发电机叶片结冰与齿型带故障预测

2017 年,由中国信息通信研究院主办的中国首届工业大数据竞赛聚焦当前最热门的风电领域的两个挑战任务：一是风机齿型带故障分类，即根据 SCADA 系统采集的数据段判断故障所属类别；二是风机叶片结冰预测，即根据历史数据预测风机结冰故障发生的时间和概率。由于第一项挑战任务中的齿型带的应用不普遍，故《工业大数据创新竞赛白皮书（2017）》只对风机叶片结冰预测的问题进行了讨论。文中提到，叶片结冰是风电领域的一个全球范围难题。低温环境所导致的叶片结冰、材料及结构性能改变、载荷改变的问题等，对风机的发电性能和安全运行造成较大的威胁。随着风机的设计功率不断提升，现有风机塔筒高度也在不断增长，因此即使在北部沿海和山区地区，冬季里大量风机都会触碰到较低的云层，在低温和潮湿环境下非常容易结冰。SCADA 是风场设备管理、监测、和控制的重要系统，通过实时收集风机运行的环境参数、工况参数、状态参数和控制参数使风场管理者能够实时了解风电装备的运行和健康状态。目前风机的结冰报警机制是利用 SCADA 系统的实时数据，基于风机的实际功率和理论功率之间的偏差作为风机报警和停机的指标，然而这样的指标存在严重的滞后性。对结冰过程的预测准确度将会决定除冰系统的效率、风机的效率损失和风机运行的风险。

竞赛共提供了 5 组不同风机的 SCADA 数据集：2 组训练集

和 3 组测试集。每组数据集均包含 28 个连续数值型变量,涵盖了风机的工况参数、环境参数和状态参数等多个维度。数据集存在叶片正常与结冰故障的样本不均衡、数据缺失、设备停机、删除数据等情况,会给预测任务增加额外的干扰。

此次竞赛的问题比较直接明确,不同参赛选手分析的流程都较为相近,皆可视作采用了"数据预处理、特征工程、算法建模"的标准结构,图 4 - 19 中对前三名队伍不同的分析阶段所使用的处理方法进行了比较。

由冠军团队提出的 CNN+LSTM 二分类深度学习网络,先利用卷积层初步学习多个连续时刻数据的特征以及变化趋势,再利用长短期记忆网络进一步学习不同个时间段的特征来预测叶片结冰。此方法十分注重模型的选取和参数调教。

第二名获奖团队提出的基于物理原理+KNN 分类的混合预测模型,通过制定强规则过滤掉明显不结冰的数据,避免模型过度学习正常数据,并且分割数据以训练多个模型,避免了单一模型的过度复杂。此方法旨在通过物理模型和 KNN 算法的结合提升模型的泛化能力。

第三名获奖团队提出的基于领域知识特征构建和未来结冰概率估计的方法,通过领域知识明白机理和可视化手段进行数据探索,构建出大量有物理意义并能表征故障模式的特征。在

问　题

风机叶片结冰预测

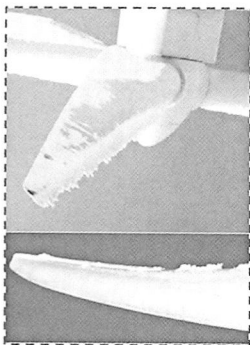

难点与挑战

(1) 风机叶片早期结冰难以发现，并且结冰过程的机理复杂

(2) 数据集中正常样本与故障样本比例不均衡

(3) 数据集被标准化处理过，存在因停机、人为删除数据、无效数据等引起的数据缺失和部分信息被掩盖的情况

数据描述

训练样本数	2
测试样本数	3

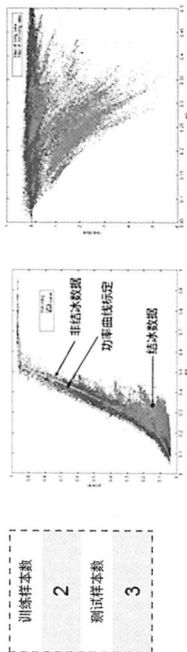

研究方法总结

① 基于CNN-LSTM深度学习网络

数据预处理
- 标记数据，删除部分数据
- 增加loss函数处理项
- 分割子序列
- 滑窗处理

特征提取
- 时刻差分，特征组合
- 上升趋势性比值特征

模型
- 利用Keras深度学习框架建立CNN+LSTM二分类网络

② 基于物理原理+KNN分类的混合预测模型

数据预处理
- 标记数据，数据合并
- 移动平均
- 样本均值插补

特征提取
- 功率曲线
- 器级别过滤

算法
- KNN
- 5折交叉验证
- 分散数据分别建模

③ 基于领域知识特征构建构建未来和未结冰概率估计

特征提取
- 机舱内外温度差
- 风速-功率曲线
- 风速-转速曲线
- 功率回归模型
- 档密度估计
- 以上变量的移动窗口估计特征
- 未来结冰估计

算法
- 逻辑回归, Lasso回归, 岭回归
- 随机森林, XGBoost, LightGBM
- 用Hyperopt自动化调参

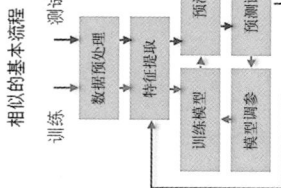

相似的基本流程

训练　测试

数据预处理 → 特征提取 → 训练模型 / 预测 → 模型调参 / 预测评价

图4-19　首届中国工业大数据竞赛——风机叶片结冰预测

算法选取方面,该方法广泛尝试多种算法,最后引入 Hyperopt 进行自动化调参。此方法的亮点在于利用领域知识对 28 个变量进行了大量特征提取供分类模型进行学习。

虽然 3 种方法在流程上都极为相似,但各自都有独特的优势。3 种方法的侧重点不同,如能对 3 种不同预测方法的结果进行信息融合,或许能取得更好的效果。

工业人工智能 | 结语

未来工业互联网发展的最大趋向，就是解放工业制造过程及产品从以经验（experience）为主导的传承，到以数据（data）或事实（evidence）为基础的传承，以如此工业互联网扭转产业形态的趋势来说，工业人工智能将会扮演一个很重要的角色。

　　阅读完本书的你，应该内心有了答案：为什么需要工业人工智能？它跟人工智能差异化在哪里呢？我在本书的最终章，和大家再做一些重点回顾。工业人工智能是以工业场景为基础的一个智能系统。传统人工智能是以生活、社交、金融各方面为出发点，而工业人工智能更注重是对系统工程及工程里面的可靠性、精密性、效率性还有未来的优化性。普适人工智能注重的是"发现""控制""辨识"和"交互"，场景以情绪驱动或兴趣导向的发散性应用为主。而工业人工智能则是以解决特定问题为目标，是更加聚焦或收敛型的应用。

　　这本书也介绍了一些工业人工智能的系统工程方法，如何从传统算法（algorithm）软件、算法为核心的思维，进展到以系统整合（亦即算法计算力跟工具的使用），最后能够以应用落地于实际场景的方式来展现工业人工智能的价值。目前工业人工智能的应用场景已经慢慢发生在生产工厂中,如:机器的监控、船舶的省油、发动机的健康管理、医疗系统的远程维护等,而油厂油田的安全管理和可靠性管理,也已经慢慢开始发展,但缺乏一个系统工程的观念和可持续传承的基础。同时,这本书记录了许多工业人工智能应用的案例,以更加直观的方式阐述了工业人工智能技术的开发流程和其中重要的经验教训。

在未来中国的企业转型中,我们会发现工业人工智能会扮演一个很重要的角色,如何把过去中国在快速发展中所损失的工匠的经验和知识,从数据中重新弥补回来。换句话说,工业人工智能可以助力中国过去 30 年发展中所积累的经验得到更快的沉淀和传承。从依靠国外的经验,用数据重新建立经验的一个技术体系,进而使中国未来的发展更具有可持续的传承。这是我写这本书的初衷,也期待阅读完这本书的读者,在对工业人工智能有了全面理解后,能将工业人工智能的相关知识实际应用于自己的工作场景中,去挖掘不可见的知识,尝试突破传统经验生产的限制,最后创造出更巨大的价值。

工业人工智能　│　参考文献

[1] NASA, PCoE Datasets. https://ti. arc. nasa. gov/tech/dash/groups/pcoe/prognostic-data-repository/.

[2] Dean K F. User's guide for the commercial modular aero-propulsion system simulation (C-MAPSS). https://ntrs. nasa. gov/archive/nasa/casi. ntrs. nasa. gov/20070034949. pdf.

[3] Wang T. A similarity-based prognostics approach for remaining useful life estimation of engineered systems [C]. International conference on prognostics and health management (PHM), 2008: 1 – 6.

[4] Peel L. Data driven prognostics using a Kalman filter ensemble of neural network models [C]. International Conference on Prognostics and Health Management, 2008.

[5] Heimes F. Recurrent neural networks for remaining useful life estimation [J]. International Journal of Prognostics and Health Management, 2008: 1 – 6.

[6] 2009 PHM challenge competition data set. https://www. phmsociety. org/references/datasets.

[7] Apparatus used to collect data for the PHM09 data challenge. https://www. phmsociety. org/competition/PHM/09/apparatus.

[8] Wu F, Lee J. Information reconstruction method for improved clustering and diagnosis of generic gearbox signals [J]. International Journal of Prognostics and Health Management, 2011, 2: 42.

[9] Al-Atat H, Siegel D, Lee J. A systematic methodology for gearbox health assessment and fault classification [J]. International Journal of Prognostics and Health Management, 2011, 2: 16.

[10] Boškoski P, Urevc A. Bearing fault detection with application to PHM Data Challenge [J]. International Journal of Prognostics and Health Management, 2011, 2: 32.

[11] Das S. Essential steps in prognostic health management [C]. 2011 IEEE Conference on Prognostics and Health Management (PHM). IEEE, 2011.

[12] Chen H. A multiple model prediction algorithm for CNC machine wear PHM [J]. International Journal of Prognostics and Health Management, 2011, 2: 129.

[13] PHM Data Challenge 2011. https://www. phmsociety. org/competition/phm/11.

[14] Siegel D, Lee J. An auto-associative residual processing and K-means clustering approach for anemometer health assessment [J]. International Journal of Prognostics and Health Management, 2011, 2: 117.

[15] Sun L, Chao C, Qi C. Feature extraction and pattern identification for anemometer condition diagnosis [J]. International Journal of Prognostics and Health Management, 2012, 3: 8 - 18.

[16] Cassity J, Christopher A, Danny P. Applying weibull distribution and discriminant function techniques to predict damaged cup anemometers in 2011 PHM competition [J]. International Journal of Prognostics and Health Management, 2012, 3: 1 - 7.

[17] http://www. femto-st. fr/en/Research-departments/AS2M/Research-groups/PHM/IEEE-PHM-2012-Data-challenge. php.

[18] IEEE PHM 2012 Prognostic challenge Outline, Experiments, Scoring of results, Winners.

[19] Sutrisno E. Estimation of remaining useful life of ball bearings using data driven methodologies [C]. 2012 IEEE Conference on Prognostics and Health Management (PHM). IEEE, 2012.

[20] Liao L, Jin W, Pavel R. Enhanced restricted Boltzmann machine with prognosability regularization for prognostics and health assessment [J]. IEEE Transactions on Industrial Electronics 2016, 63(11): 7076 - 7083.

[21] https://www. phmsociety. org/events/conference/phm/14/data-challenge.

[22] Rezvanizaniani S M, Dempsey J, Lee J. An effective predictive maintenance approach based on historical maintenance data using a probabilistic risk assessment: PHM14 data challenge [J]. International Journal of Prognostics and Health Management, 2014.

[23] Kim H, Hwang T, Park J, et al. Risk prediction of engineering assets: an ensemble of part lifespan calculation and usage classification methods [J]. International Journal of Prognostics and Health Management, 2014, 5(2).

[24] Xiao W. A probabilistic machine learning approach to detect industrial plant faults [J]. International Journal of Prognostics and Health Management, 2016.

[25] Kim H. Fault log recovery using an incomplete-data-trained FDA classifier for failure diagnosis of engineered systems [J]. International Journal of Prognostics and Health Management, 2016.

[26] Rosca J, Girstmair B L, Propes N. 2017 PHM Data Challenge Competition and Data Set for Predicting the Faulty Regimes of Operation of a Train Car, NASA Ames prognostics data repository, NASA Ames Research Center, CA.

[27] Li C, Liu J, Tian C, et al. Similarity-based fault detection in vehicle suspension system [C]. In Annual Conference of the Prognostics and Health Management Society, 2017.

[28] Li S, Yuan T, Jing Z, et al. Ensemble model based fault prognostic method for railway vehicles suspension system [C]. In Annual Conference of the Prognostics and Health Management Society, 2017.

[29] Park, Chan H, Kim S, et al. Hybriding data-driven and model-based approaches for fault diagnosis of rail vehicle suspensions [C]. Annual Conference of the Prognostics and Health Management Society, 2017.

[30] 工业大数据创新竞赛白皮书(2017). http://www. caict. ac. cn/kxyj/qwfb/bps/201802/t20180201_2237617. htm.